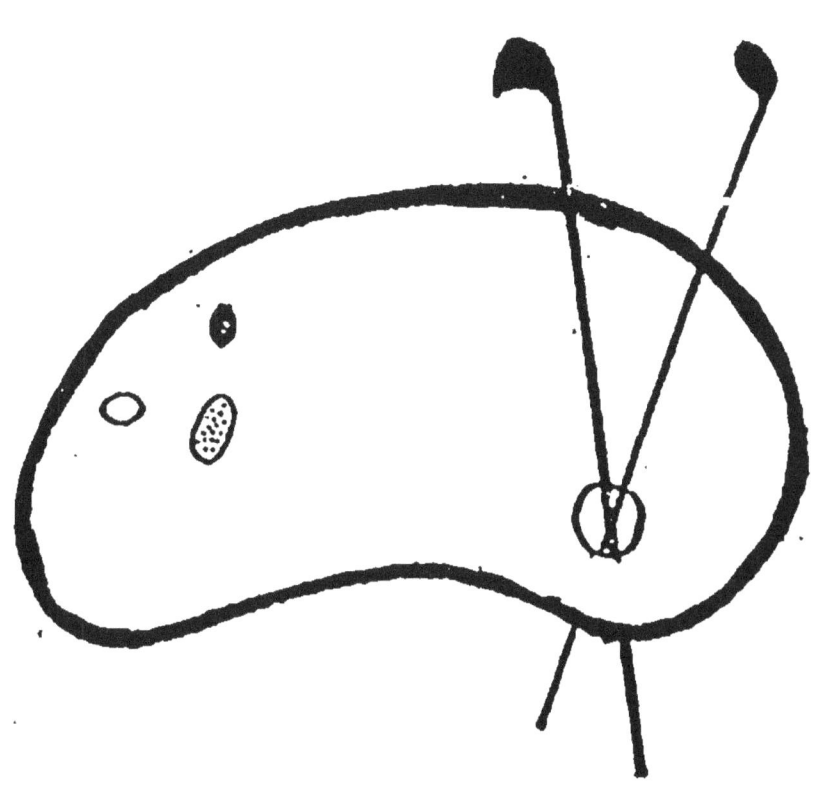

DEBUT D'UNE SERIE DE DOCUMENTS
EN COULEUR

LES NOUVELLES COLONIES

DE LA

RÉPUBLIQUE FRANÇAISE

PAR

Alfred RAMBAUD
Professeur à la Faculté des lettres de Paris.

PARIS

ARMAND COLIN ET Cie, ÉDITEURS

1, 3, 5, RUE DE MÉZIÈRES

A LA MÊME LIBRAIRIE

La France Coloniale, — histoire, — géographie, — commerce, par M. Alfred Rambaud, avec la collaboration d'une société de voyageurs et de géographes. 1 volume in-8° de 750 pages avec 12 cartes en 3 couleurs, broché.   8 »

L'Expansion de l'Angleterre, deux séries de lectures, par J.-R. Seeley, professeur à l'Université de Cambridge, traduites de l'anglais par M. le Colonel Baille, et M. Alfred Rambaud. 1 volume in-18, jésus, broché.   **3 50**

Géographie générale, livre-atlas contenant 112 cartes ou cartons en couleur, placés en regard du texte, gravures et profils, relief du sol, hydrographie, voies de communication, industrie, commerce, statistique, index alphabétique, présentant 6 500 noms géographiques, par M. P. Foncin, Inspecteur général de l'Université. 1 vol. in-4°, rel. toile.   12 »

Histoire de la Civilisation française, par M. Alfred Rambaud, professeur à la Faculté des lettres de Paris. 2 volumes in-18 jésus, brochés.   8 »

Histoire de la Civilisation contemporaine en France, par M. Alfred Rambaud, 1 vol. in-18 jésus.   5 »

Paris. — Imp. E. Capiomont et Cⁱᵉ, rue des Poitevins, 6.

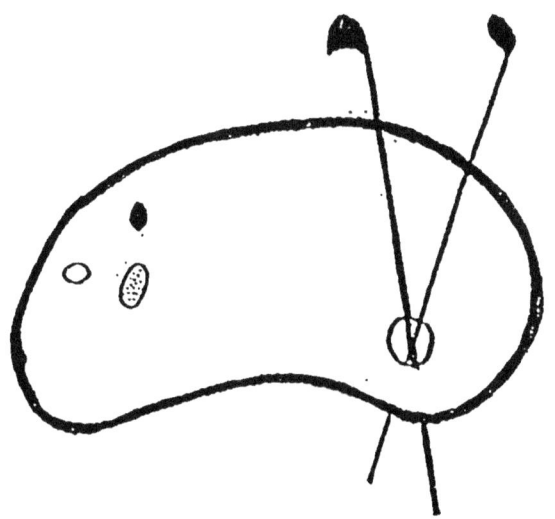

FIN D'UNE SERIE DE DOCUMENTS
EN COULEUR

LES NOUVELLES COLONIES

DE LA

RÉPUBLIQUE FRANÇAISE

PAR

Alfred RAMBAUD

Professeur à la Faculté des lettres de Paris.

PARIS

ARMAND COLIN ET Cie, ÉDITEURS

1, 3, 5, RUE DE MÉZIÈRES

—

1889

Tous droits réservés.

LES
NOUVELLES COLONIES
DE LA RÉPUBLIQUE FRANÇAISE

On n'a jamais tant parlé de *colonies* et de *politique coloniale* que depuis dix ans.

Les questions coloniales ont amené la chute de plusieurs ministères et aggravé cette instabilité gouvernementale dont le pays se plaint avec raison.

. Or, il est à remarquer que les questions que l'on discute avec le plus de passion et de violence sont toujours celles que l'on sait le moins.

Peu de personnes, croyons-nous, connaissent bien les colonies françaises, surtout celles qui ont été acquises, depuis dix ans, par la République.

Dans quelles parties du monde sont-elles situées ? au prix de quels efforts ont-elles été acquises ? quelles ressources offrent-elles pour l'industrie et le commerce de la France ? En quoi peuvent-elles contribuer à sa richesse et à sa puissance ?

Au sujet des colonies, on a écrit, dans les derniers temps, beaucoup d'ouvrages sérieux ; mais ils sont trop étendus, trop chargés de détails, parfois trop coûteux, pour être à la portée de tous.

On lit peu les gros livres ; on lit surtout les journaux ; mais les journaux sont trop occupés de leurs polémiques quotidiennes, des discussions parlementaires, des crises ministérielles, pour expliquer clairement toutes ces choses.

Beaucoup aussi cèdent trop à leurs haines politiques : il suffit que les colonies soient des acquisitions de la République pour que les feuilles monarchistes déclarent que la politique coloniale est insensée, funeste, ruineuse pour le pays, incapable de donner aucun bon résultat.

Ces journaux admettent qu'il a été glorieux pour la Restauration d'avoir pris Alger, glorieux pour Louis-Philippe d'avoir conquis l'Algérie et les îles Tahiti, glorieux pour Napoléon III d'avoir obtenu la Cochinchine et la Nouvelle-Calédonie ; — mais quand la République vient à son tour occuper la Tunisie, le haut Sénégal et le haut Niger, Madagascar et les îles Comores, l'Annam et le Tonkin, — ce n'est ni glorieux ni utile, et les hommes qui ont fait ces acquisitions sont dignes de l'exécration universelle. — Toujours deux poids et deux mesures !

Nous allons donc essayer d'expliquer, en peu de pages, ce que sont nos colonies et ce qu'est la politique coloniale.

Nous le ferons avec une exactitude scrupuleuse et d'après les documents les plus certains : récits de voyageurs, rapports d'officiers de nos armées de terre et de mer, statistiques officielles.

I

Les anciennes colonies de la France.

Il y eut un moment où l'on put croire que la France deviendrait la plus grande puissance coloniale du monde : c'était vers le milieu du règne de Louis XV.

Dans l'Amérique du Nord, nous possédions le **Canada**, c'est-à-dire tout le bassin du Saint-Laurent, et la **Louisiane**, c'est-à-dire tout le bassin du Mississipi. C'étaient alors des régions huit ou dix fois grandes comme la France, presque désertes, parcourues seulement par quelques tribus sauvages, mais d'une fécondité prodigieuse, arrosées par des fleuves immenses, des rivières sans nombre, des lacs grands comme de petites mers. En cent ans, elles se sont peuplées de cinquante millions d'Européens et couvertes de villes prospères, dont beaucoup ont aujourd'hui de cent mille à cinq cent mille habitants.

Nous avions commencé la conquête de l'**Indoustan**, un des pays les plus riches du monde, peuplé aujourd'hui de deux cent cinquante millions d'âmes.

Nous avions la plus grande et la meilleure partie des **Antilles**. Nous avions, dans la grande île de **Saint-Domingue**, une étendue de territoire égale à celle de cinq ou six départements français. Nous avions, près de Madagascar, l'**Ile de France** ou **Maurice**, qui compte aujourd'hui 368,000 habitants.

Ce magnifique empire colonial a été détruit; d'abord par l'incapacité de Louis XV; puis, pendant nos grandes guerres de la Révolution et de l'Empire. C'est l'Angleterre qui a pris notre place presque partout.

De la chute de Napoléon Ier à l'avènement de la République actuelle, les gouvernements qui se sont succédés en France, Restauration, monarchie de Juillet, second Empire, ont tous cherché, avec plus ou moins d'activité, à réparer nos pertes.

Voici quel était, en 1871, la situation de nos possessions coloniales :

I. — EN AMÉRIQUE.

1° Les îlots de **Saint-Pierre** et **Miquelon**, près de la grande île de Terre-Neuve.

C'est tout ce qui nous reste de nos anciennes possessions de l'Amérique du Nord.

La propriété de ces îlots a sa valeur, car elle permet à nos marins de Normandie et de Bretagne de continuer à pêcher la morue dans les parages de Terre-Neuve.

Superficie : 235 kilomètres carrés. — Population : 5 929 habitants.

2° L'île de la **Guadeloupe** et quelques petits îlots voisins (Marie-Galante, la Désirade, les Saintes).

Superficie : 1 870 kilomètres carrés. — Population : 183 000 habitants.

3° L'île de la **Martinique**.

Superficie : 988 kilomètres carrés. — Population : 176 000 habitants.

Nota. — Ces deux îles sont tout ce qui nous reste de nos vastes possessions dans les Antilles. — Elles ont été acquises au temps du grand cardinal Richelieu. Elles produisent les denrées dites *coloniales* : sucre, café, cacao, coton, rhum, etc.

4° La **Guyane** a commencé à être colonisée par nous au temps d'Henri IV, de Richelieu et de Colbert. C'est donc une de nos plus anciennes possessions.

Elle présente d'immenses ressources naturelles; mais sa réputation d'insalubrité, qu'on a fort exagérée, en éloigne les colons et les capitaux.

Superficie : 121 413 kilomètres carrés. — Population : seulement 27 000 habitants, dont 2 000 fonctionnaires, soldats, négociants français : 3 ou 4 000 forçats; le reste nègres, mulâtres ou indiens.

II. — En Asie.

5° **L'Inde française**, c'est-à-dire uniquement les cinq villes françaises de Pondichéry, Chandernagor,

Karikal, Mahé, Yanaon. C'est tout ce qui nous reste du vaste empire que nous avons eu dans l'Inde.

Superficie : 508 kilomètres carrés. — Population : 277 000 habitants.

6° **La Cochinchine.** C'est une acquisition du règne de Napoléon III, qui fit deux guerres à l'empereur d'Annam, lui enleva trois provinces par le traité de Saïgon (1862) et trois autres en 1867.

Superficie : 59 800 kilomètres carrés. — Population : 1 845 000 habitants.

INDOUS (Inde française).

7° Vers la même époque, en 1863, la France établissait son *protectorat* sur le **royaume de Cambodge.**

Superficie : environ 100 000 kilomètres carrés. — Population : environ 1 million d'habitants.

III. — EN OCÉANIE.

8° La possession des îles **Marquises** et le *protectorat* sur les îles **Tahiti**, îles **Gambier**, îles **Tubuaï**, îles **Tuamotou**, et en outre certains droits sur les îles **Sous-le-Vent**, ont été acquis sous Louis-Philippe.

Superficie : 3 658 kilomètres carrés. — Population : 23 000 habitants.

9° La **Nouvelle-Calédonie** a été conquise en 1853 ; la ville de Nouméa a été fondée en 1854. C'est là que l'on continue à déporter les criminels.

Superficie : environ 20 000 kilomètres carrés. — Population : 63 000 habitants.

IV. — En Afrique.

10° **L'Algérie** est la plus belle et la plus précieuse de nos colonies ; on peut même la considérer comme une continuation du territoire français au delà de la Méditerranée. — La ville même d'Alger a été conquise sous Charles X, le 4 juillet 1830. Louis-Philippe a fait la conquête de l'Algérie, et l'épisode le plus fameux a été la lutte contre Abd-el-Kader. La

INDIGÈNES DE L'ALGÉRIE.

République de 1848 a poussé l'occupation dans le Sud, par la soumission de l'Aurès et de Biskra, la prise de la Zaatcha. Le second Empire eut à réduire les rudes montagnards de la Kabylie (1857).

L'Algérie est plus étendue que la France : celle-ci n'a que 530 408 kilomètres carrés, tandis que celle-là en a 667 000 ; mais l'Algérie présente de vastes territoires incultes, dont beaucoup sont des *déserts*, et la population totale n'atteint pas 4 millions d'habitants.

11° Il y a eu des établissements français dans le

Sénégal dès le quatorzième siècle; mais, jusqu'à 1854, nous n'y possédions réellement que l'îlot de Gorée; la ville de *Saint-Louis*, capitale; les trois postes de *Richard-Toll*, *Dagana* et *Bakel* sur le fleuve Sénégal; enfin, celui de *Sedhiou* sur la rivière Cazamance.

C'est le général Faidherbe, qui, gouverneur du Sénégal de 1854 à 1865, a donné la prépondérance à la France dans ces régions. Il soumit les tribus rebelles, établit de nouveaux postes sur le fleuve Sénégal, et, remontant le fleuve, alla construire *Médine*, à 1 200 kilomètres de Saint-Louis (1865). Après l'avoir fondée, il la sauva en battant sous ses murs une armée de 20 000 maures ou nègres, fanatisés par le prophète El-Hadj. Le général Faidherbe montra aussi le parti qu'on pouvait tirer du fleuve Sénégal en continuant à le remonter jusqu'à ses sources, de manière à pénétrer ensuite dans l'immense bassin du Niger.

M. LE GÉNÉRAL FAIDHERBE.

12° Les établissements de la **Guinée du Nord** comprennent les postes commerciaux de *Grand-Bassam* et *Assinie*, occupés, en 1843, sous Louis-Philippe, et le *protectorat* sur le royaume de *Porto-Novo*, acquis en 1864, sous Napoléon III.

13° Le **Gabon**, dans la Guinée du Sud, a été occupé sous Louis-Philippe, entre 1839 et 1844.

Nota. — Dans la Guinée du Nord et au Gabon, nous avons environ 3 000 kilomètres carrés, peuplés d'environ 200,000 habitants, tous des noirs, à part quelques Français. — De ces pays, on tire de l'or, de l'ivoire, de l'huile de palmes; nous y vendons des spiritueux, des étoffes, de la poudre, des armes, de la quincaillerie, du tabac. — Le commerce y est encore peu considérable.

14° L'île de la **Réunion** (autrefois île Bourbon) fut occupée en 1642, sous Richelieu.

Cette île produit les mêmes denrées que les Antilles. — Superficie : 2 512 kilomètres carrés. — Population : 175 000 habitants, de race française pour la plupart.

15° Dans les mêmes parages, c'est-à-dire dans le **voisinage de Madagascar**, les îlots de *Nosy-Bé* et *Nosy-Cumba*, acquis en 1840, sous Louis-Philippe, ainsi que le protectorat sur la partie nord-ouest de Madagascar, c'est-à-dire sur la *baie de Pasandava* et pays adjacents; l'île *Nosy-Mitsiou*, acquise en 1841 ; l'île *Mayotte*, occupée en 1843 ; l'île *Sainte-Marie*, qui n'est séparée que par 8 kilomètres de celle de Madagascar et que nous possédons depuis Richelieu.

Mêmes productions que celles de la Réunion. — Superficie : 824 kilomètres carrés. — Population : 28 500 habitants.

16° Dans la **mer Rouge**, la petite ville d'*Obock*, acquise en 1855, sous Napoléon III.

Voilà quel était, en 1871, l'ensemble des établissements français, tant comme *possessions directes* que comme *protectorats*.

Elles présentaient une étendue de plus d'un million de kilomètres carrés, c'est-à-dire à peu près le double de celle de la France.

La population était, à peu près, de 7 millions d'habitants, à peu près le sixième de la population de la France.

Dans ce nombre, les Français proprement dits, même

en y comprenant les esclaves noirs des colonies affranchis en 1848, ceux de la Guadeloupe, de la Martinique, de la Guyane, de la Réunion, ne dépassaient guère 500 000. Le reste, c'étaient des Arabes et des Kabyles d'Algérie; des nègres de nos possessions africaines; des Indous de nos cinq villes de l'Indoustan; des indigènes de la Nouvelle-Calédonie et des autres îles océaniennes; enfin, des Cambodgiens et des Cochinchinois.

L'empire colonial de la France ne pouvait donc pas se comparer à celui de l'Angleterre, qui comprend *23 millions* de kilomètres carrés et *278 millions* d'habitants; pas même à celui de la Hollande, qui comprend près de *2 millions* de kilomètres carrés et *30 millions* d'habitants.

II

Les acquisitions de la République

Voyons maintenant ce que la République a fait pour les colonies, du jour où la France, par la réorganisation de son armée et de ses places fortes, a obtenu un peu de sécurité sur sa frontière de l'Est.

1° Dans les Antilles, nous avons acquis la petite île de **Saint-Barthélemy**, que les Suédois nous ont cédée par le traité du 10 août 1877.

Elle n'a que 150 kilomètres carrés et 2 912 habitants.

2° En **Océanie**, les îles Tahiti, Gambier, Tubuaï, Tuamotou, qui étaient simplement sous le *protectorat* de la France, ont été complètement *annexées* de 1870 à 1882; l'Angleterre, qui avait conservé certains droits dans les îles Sous-le-Vent, y a renoncé et elles ont pu être annexées en 1888.

3° En 1878, les *Nouvelles-Hébrides*, un groupe d'une

vingtaine d'îles situées à l'est de la Nouvelle-Calédonie, et d'une superficie à peu près égale à la sienne, ont commencé à être colonisées par les Français; mais la France et l'Angleterre ont pris l'engagement, l'une à l'égard de l'autre, de ne point les annexer.

4° En Algérie, la **Kabylie**, qui s'était révoltée en 1871, a été complètement soumise. — Dans le désert, les cinq villes du **Mzab**, qui formaient une sorte de république indépendante, ont été, en 1882, entièrement subordonnées à l'autorité française.

5° Près de Madagascar, on a placé sous le protectorat de la France le groupe des îles **Comores**.

Superficie de ces îles : 1 606 kilomètres carrés. — Population : 53 000 habitants.

6° Dans la **mer Rouge**, pour assurer les communications par le canal de Suez, nous avons acquis sur le littoral d'Abyssinie, de 1883 à 1885, les ports et territoires de *Sagallo*, *Ambabo*, *Tadjourah*, qui nous assurent 250 kilomètres de côtes, sur 60 à 180 kilomètres de profondeur. — Nous avons occupé l'excellente position de *Cheik-Saïd*, sur la côte d'Arabie.

INDIGÈNES DE TAHITI ET OFFICIER DE MARINE.

Ces acquisitions ne sont pas les plus importantes : aussi ce ne sont pas celles qui ont soulevé le plus de critiques.

Il nous reste à traiter les **grandes acquisitions** de la République : Sénégal et Soudan, Congo, Madagascar, Tunisie, enfin Indo-Chine (Tonkin et Annam). Ceci va demander plus de développements.

I. — Sénégal et Soudan.

En 1865, le général Faidherbe avait été rappelé en France, où il devait, en 1870-1871, commander l'armée du Nord et livrer les glorieuses batailles de Pont-de-Noyelles, Bapaume et Saint-Quentin.

TIRAILLEUR ET SPAHIS SÉNÉGALAIS.

Il laissait à ses successeurs un plan d'opérations qui consistait à remonter le Sénégal jusqu'à ses sources, à franchir les hauts plateaux qui s'y trouvent, à déboucher dans la vallée supérieure du *Niger*. Le Niger est un des plus grands fleuves du monde : il a environ 4 000 kilomètres de parcours. Avec ses affluents, il arrose une contrée qu'on appelle *Nigritie* ou *Soudan*, plus grande que la France, l'Allemagne et l'Autriche ensemble. Les hardis voyageurs qui l'ont parcourue la représentent comme très peuplée

POSSESSIONS FRANÇAISES AU SÉNÉGAL ET AU SOUDAN.

et très fertile. Passer du haut Sénégal dans le haut Niger, c'était donc s'ouvrir l'*Afrique centrale*.

Il s'agissait de marcher dans un pays peu connu, parmi des populations peut-être hostiles, et sur le territoire de deux chefs très puissants, Ahmadou, fils d'El-Hadj, sultan de *Ségou*, — et Samory, maître d'un grand pays aux sources du Niger, sur la rive droite.

Aussi ne devait-on s'avancer qu'avec de grandes précautions, assurant chaque pas nouveau par l'établissement d'une forteresse, s'étudiant à gagner les populations par de bons traitements, cherchant à négocier avec elles plutôt qu'à les combattre.

En 1880, on envoya sur le Niger le capitaine Galliéni, chargé de traiter avec Ahmadou. Quand il fut arrivé à *Nango*, une des

M. BORGNIS-DESBORDES.

villes d'Ahmadou, celui-ci ordonna de l'y retenir prisonnier, sans lui permettre d'arriver jusqu'à Ségou-Sikoro, sa capitale. Mais, à la nouvelle qu'une armée française venait chercher le capitaine, Ahmadou s'effraya : il remit M. Galliéni en liberté et signa un traité où il reconnaissait le *protectorat* de la France sur toute la partie du cours du Niger soumis à sa domination (10 mars 1881).

Pendant ce temps, le lieutenant-colonel Borgnis-Desbordes partait de Saint-Louis. Son armée ne comptait que 380 combattants (dont 145 soldats français et 224 tirailleurs ou spahis sénégalais) et

4 obusiers. C'était avec cette poignée d'hommes qu'il allait attaquer un empire !

En chemin, il fonda la forteresse de *Kita* et prit d'assaut deux villages fortifiés, dont les habitants s'étaient montrés hostiles, ceux de *Foukhara* et de *Goubanko*. Quand il se disposa à revenir à Saint-Louis, il avait parcouru 756 kilomètres à pied, sans compter 800 kilomètres en bateau, de Saint-Louis à Médine.

L'année suivante (1881-1882), il s'avança de 545 kilomètres plus loin, déploya le drapeau tricolore sur le fleuve Niger et livra deux combats victorieux à Samory, n'ayant que 200 combattants contre 4 000 nègres.

Dans une troisième campagne, il rasa la forteresse hostile de *Mourgoula* et prit d'assaut, après une résistance énergique, le village fortifié de *Daba*. Le 1er février 1883, il arriva à *Bammako*, sur les bords du Niger. Il transforma ce petit bourg en une forteresse destinée à contenir le pays. Il battit encore l'armée de Samory et répandit au loin la crainte et le respect du nom français.

Les années suivantes furent employées à consolider les conquêtes. On avait fondé une série de forteresses pour jalonner la route du haut Sénégal au haut Niger : *Bafoulabé, Badombé, Kita, Koundou, Niagassola, Bommako*. On établit une ligne télégraphique pour relier Bammako, notre fort le plus avancé, à Kayes et, par Kayes, à Saint-Louis. On créa une route carrossable de Kayes à Bammako. On commença même une ligne de chemin de fer.

L'influence de la France n'a cessé de s'accroître.

Samory, après avoir fait l'épreuve de la valeur de nos soldats, a fini par reconnaître aussi le protectorat de la France. En 1887, il envoyait même un de ses fils à Paris pour y saluer le Président de la République française.

Beaucoup d'autres chefs, ceux de Fouta-Dialon par exemple, qui est la région des mines d'or, ont signé avec la France des traités de protectorat.

Une canonnière française, *le Niger*, que commandait le lieutenant de vaisseau Caron, s'est lancée sur le grand fleuve; en août 1887, elle mouillait devant *Cabara*, le port de *Tombouctou*, cette cité mystérieuse de l'Afrique centrale, qu'en 1822 un audacieux voyageur français, René Caillé, le premier de tous les explorateurs européens, avait visitée sous un déguisement.

D'après les règles convenues entre les nations européennes, ce voyage du lieutenant Caron assure les droits de la France sur toute la partie du Niger que la canonnière a parcourue.

En même temps, les populations indigènes, fati-

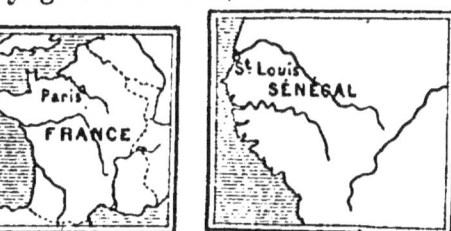

SURFACES COMPARÉES DE LA FRANCE ET DU SÉNÉGAL.

guées des guerres incessantes que se livraient les chefs entre eux, décimées par les brigands qui brûlaient les villages et emmenaient les habitants comme esclaves, accueillent la domination française comme un bienfait. Elles viennent reconstruire leurs villages à l'abri et sous le canon de nos forteresses. Naguère les indigènes vivaient misérablement, allaient presque nus, ne travaillaient point; mais les étoffes et les armes que leur montrent nos marchands ont secoué leur paresse; ils travaillent volontiers, afin de gagner de quoi acheter nos produits. Ils s'habillent de belles cotonnades, car ce n'est point par goût, mais par misère qu'ils allaient nus. Le commerce de ces régions, au lendemain de tant de guerres désastreuses, s'élève déjà à une quarantaine de millions.

Ainsi donc nos possessions du Sénégal, que le général Faidherbe avait étendues jusqu'à Médine sur le Sénégal, s'étendent maintenant jusqu'à Bammako sur le Niger, en plein Soudan. Elles ont quadruplé d'étendue. La superficie des territoires soumis à notre influence ou à notre protectorat est au moins égale à celle de la France. Nous avons là tout un empire, dont assurément l'acquisition n'a pas coûté très cher. Il a été conquis par des armées de quatre ou cinq cents hommes, dont plus de la moitié sont des gens du pays. Il est vrai que leurs chefs étaient les Faidherbe, les Galliéni, les Borgnis-Desbordes.

II. — LE CONGO.

Près de notre colonie du Gabon, qui était restée insignifiante et où se faisait un faible commerce d'huiles de palmes ou d'arachides, s'étend une immense région arrosée par le fleuve *Congo*.

Ce fleuve, qui prend sa source non loin des sources du Nil, décrit un grand arc de cercle avant de venir se jeter dans l'Atlantique. Il a une étendue au moins égale à celle du Niger, environ 4 000 kilomètres; par lui-même ou ses affluents, il arrose une région six ou sept fois grande comme la France. Cette région est peuplée d'innombrables tribus noires, assez industrieuses et beaucoup moins belliqueuses que celles du Sénégal et du Niger.

C'est de notre colonie du Gabon, en franchissant les montagnes qui séparent le fleuve *Gabon* et le fleuve *Ogooué* du fleuve Congo, que partirent les premiers explorateurs français : de 1872 à 1874, MM. Mar-

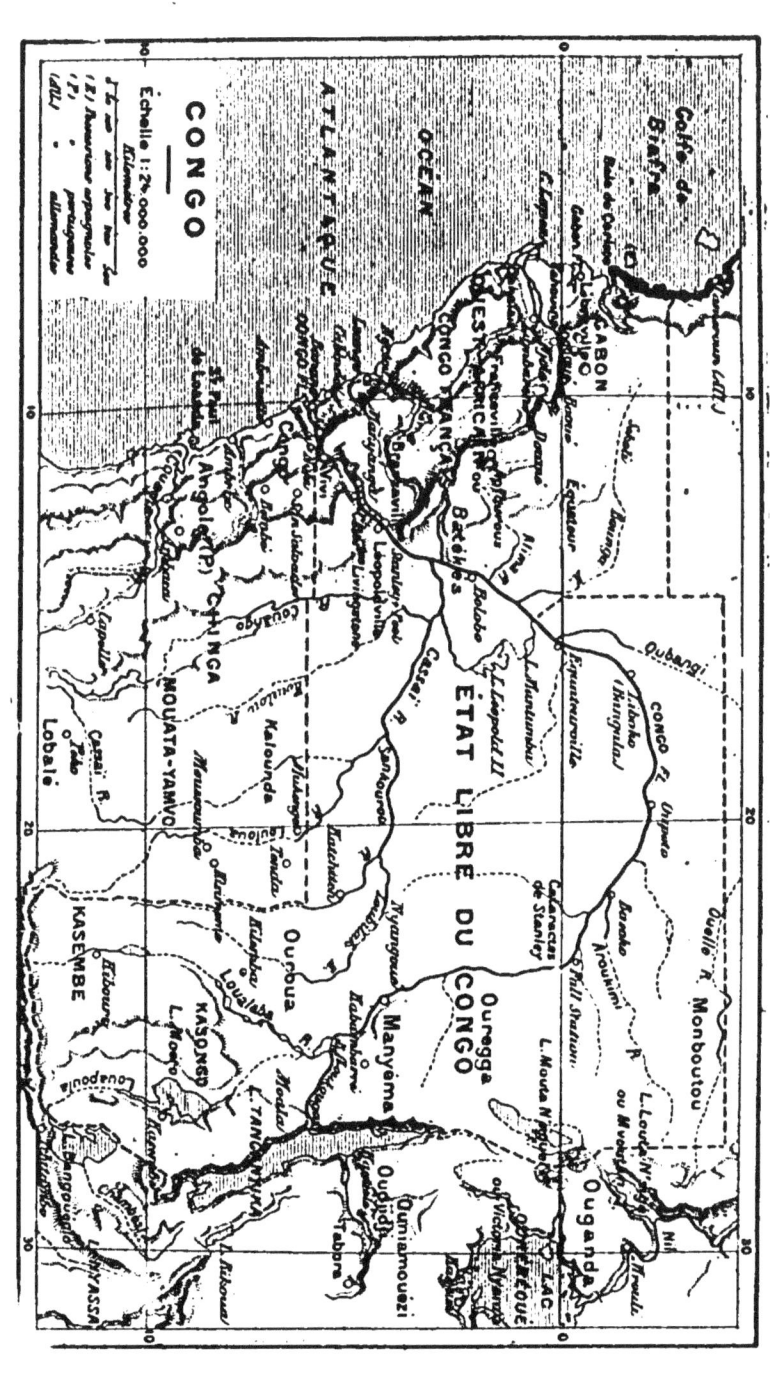

che et de Compiègne s'avancèrent à 300 kilomètres dans l'intérieur des terres.

De 1875 à 1878, M. Savorgnan de Brazza, accompagné de MM. Marche et Noël Ballay, escorté du contremaître Hamon et de dix-sept nègres armés de chassepots, partit également de l'Ogooué, s'avança plus loin encore et atteignit l'*Alima*, un affluent du Congo.

M. SAVORGNAN DE BRAZZA
(en costume arabe).

A la fin de 1879, le ministre de l'Instruction publique, qui était alors M. Jules Ferry, obtint des Chambres une subvention de 100 000 francs en faveur de M. de Brazza. Celui-ci accomplit alors son deuxième voyage; il fonda une station appelée *Franceville* aux sources de l'Ogooué et parvint enfin au Congo.

Sur ce fleuve, il rencontra Makoko, roi de la tribu des *Batékès* et maître d'un vaste territoire sur les deux rives de ce fleuve. Il signa avec lui un traité par lequel Makoko reconnaissait le protectorat de la France et nous cédait en pleine propriété un territoire, sur lequel on fonda la station de *Brazzaville*.

A son retour en France, M. de Brazza obtint des Chambres, le 12 novembre 1882, la ratification du traité avec Makoko, plus une somme de 1 275 000 francs pour organiser ce qu'on appelait alors la MISSION DE L'OUEST AFRICAIN ou du CONGO FRANÇAIS.

Cette *mission* se composait alors de 30 Français du service civil, de 30 militaires ou marins, de 25 tirailleurs algériens, de 150 *laptots* ou mariniers sénégalais et de 2 850 nègres du pays, employés comme terrassiers, mariniers ou porteurs de fardeaux.

C'est avec ces faibles ressources que M. de Brazza réussit à maintenir sous son obéissance un pays plus vaste que la France, à créer des stations de commerce sur plusieurs points du fleuve Congo et sur ses principaux affluents, à planter le drapeau tricolore à plus de 1 500 kilomètres de la côte, à lancer de petits bateaux à vapeur sur les cours d'eau, à transporter jusque dans les tribus les plus reculées des centaines de tonnes de marchandises et à commencer le commerce avec les indigènes.

C'est là une conquête *pacifique* dans toute la force du terme. Elle n'a pas coûté de sang et tous les crédits votés n'ont pas dépassé trois millions.

Chose plus singulière, c'est par le ministre de l'Instruction publique, sous la forme d'une *mission scientifique*, que cette entreprise a été accomplie.

Pendant que M. de Brazza et ses compagnons opéraient ainsi sur le Congo, un autre explorateur, l'Américain Stanley, qui agissait pour le compte de l'*Association internationale africaine*, parcourait les régions à l'est et au sud de celle-là.

Il agissait d'une tout autre manière que M. de Brazza; il avait avec lui toute une armée, s'imposait par la violence aux indigènes, brûlant leurs villages et leur livrant de sanglants combats. Jaloux de M. de Brazza, il essaya plusieurs fois de lui enlever des stations sur lesquelles flottait déjà le drapeau tricolore.

On vit bientôt que cette *Association* n'était *internationale* que de nom; elle était soutenue par des capitalistes allemands et anglais; elle se plaça sous la protection du roi des Belges.

D'autre part, les Portugais, qui possèdent de vastes territoires sur le littoral ouest de l'Afrique et qui n'ont jamais su en tirer parti, élevaient aussi des prétentions : riverains du fleuve Congo dans la partie inférieure de son cours, ils avaient signé avec l'Angleterre un traité qui livrait à cette puissance le contrôle

INDIGÈNES DU CONGO ET OFFICIER FRANÇAIS.

de la navigation et mettait, par conséquent, nos établissements à sa discrétion.

A d'autres époques, ces prétentions auraient amené quelque guerre coloniale, qui eût pu devenir une guerre européenne.

M. Jules Ferry, alors ministre des Affaires étrangères, préféra traiter avec nos rivaux. On leur abandonna les stations que nous avions fondées sur la rive gauche du Congo et ils renoncèrent à toutes leurs stations sur la rive droite.

En outre, prévoyant le cas où l'*Association internationale* viendrait à se dissoudre, et ne voulant pas que les territoires possédés par elle pussent passer entre les mains d'ennemis de la France, M. Jules Ferry lui fit prendre, à la date du 23 avril 1884, l'engagement formel de ne jamais céder ses territoires

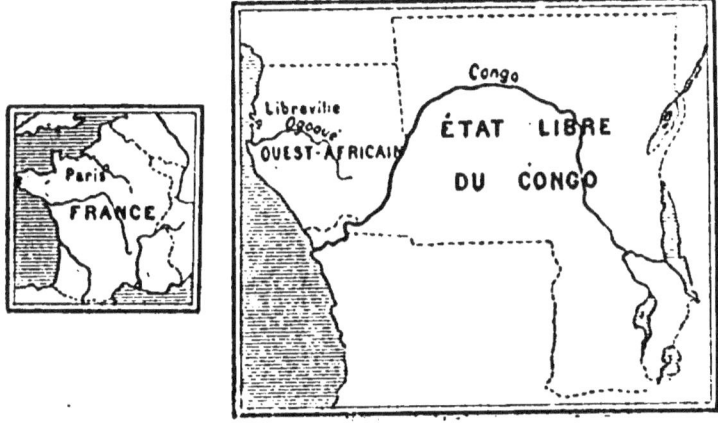

SURFACES COMPARÉES DE LA FRANCE, DU CONGO FRANÇAIS ET DE L'ÉTAT LIBRE DU CONGO.

à une autre puissance et de nous donner un *droit de préférence* si elle était amenée à s'en défaire.

En même temps, le gouvernement français refusait de reconnaître le traité anglo-portugais.

Enfin, on se mettait d'accord avec les grandes puissances pour soumettre à une Conférence européenne le règlement de toutes ces questions.

Cette conférence se réunit à Berlin, du 16 novembre 1884 au 26 février 1885. Elle reconnut définitivement les droits de la France sur toute la rive droite du

Congo, y compris la riche vallée du Quillou-Niari, que l'État belge prétendait nous disputer.

Ainsi dans le bassin du Congo se sont fondés :

1° La colonie du *Congo français* ou de l'OUEST AFRICAIN, comprenant 750 000 kilomètres carrés, c'est-à-dire 200 000 de plus que la superficie de la France;

2° L'*État libre du Congo*, placé sous le protectorat du roi des Belges, mais sur lequel la France a des droits dans le cas où l'*Association internationale*, qui l'a fondé, viendrait à se dissoudre.

Il est à remarquer que le *Congo français* est dans une situation bien meilleure que l'*État libre du Congo;* tout le commerce qui pourra se faire dans l'*État libre* sera obligé de passer sur notre territoire ; notre colonie profitera ainsi des capitaux belges, anglais ou allemands qui seront employés, dans l'intérieur des terres, à canaliser les rivières, à créer des chemins de fer, à fonder des manufactures et d'autres exploitations.

C'est donc tout un empire que la France possède au cœur de l'Afrique ; mais, cela on le sait à peine en France. Les partis ne relèvent que les échecs de la politique coloniale. Ils se taisent sur ses succès.

III. — LA TUNISIE.

A l'est de l'Algérie s'étend la Tunisie. Sa superficie est de 140 000 kilomètres carrés, à peu près le quart de la France. Sa population est de 1 200 000 habitants.

Cinq fois moins étendue que l'Algérie, la Tunisie a cependant une population qui est le tiers de la sienne : ce seul fait prouve que la proportion des bonnes terres est plus forte en Tunisie qu'en Algérie.

Tout le long du littoral, il y a des ports très actifs, comme *Gabès, Sfax, Monastir, Souse, Hammamet,*

La Goulette, qui est le port de Tunis, *Bizerte*, où l'on pourrait créer, à peu de frais, un port militaire de premier ordre, aussi important que celui de Toulon.

Tunis, la capitale, compte près de 120 000 habitants : il n'y a que onze villes de France qui aient une population égale ou supérieure.

SURFACES COMPARÉES DE LA FRANCE ET DE LA TUNISIE.

Kérouan, le chef-lieu de la partie sud, a 15 000 habitants ; *Sfax*, la ville la plus importante du littoral, en a 20 000.

Les populations de la Tunisie sont, en grande partie, civilisées : il n'y a de tribus nomades que dans les déserts du Sud ; dans la région des terres arables, les seules tribus turbulentes étaient celles des *Kroumirs*.

La Tunisie est une dépendance *naturelle* de l'Algérie ; entre les deux pays il n'y a même pas de frontière marquée. La vallée de la *Medjerdah*, le fleuve le plus important de l'Afrique nord, se prolonge en partie dans notre province de Constantine, en partie dans la Tunisie. Grâce à elle, il est très facile de passer d'Alger en Tunisie, mais il serait tout aussi facile à une puissance qui occuperait Tunis d'envahir l'Algérie.

Après la conquête d'Alger, le bey de Tunis, Ahmed, s'était toujours étudié à entretenir de bons rapports avec la France. En 1846, il était venu visiter, à Paris, le roi Louis-Philippe ; il avait chargé des officiers français de discipliner sa petite armée.

Son successeur depuis 1859, Mohammed-el-Sadok, nous avait autorisés à établir dans ses États des chemins de fer, des lignes télégraphiques ; de nombreuses maisons de commerce françaises s'y étaient installées ; enfin, il avait émis une série d'emprunts, et c'était surtout l'épargne française qui avait fourni l'argent. Malheureusement, plus le bey empruntait, plus il gaspillait : dès 1867, il avait cessé de payer ses créanciers.

L'importance des intérêts financiers que la France avait eus en Tunisie, la nécessité pour elle d'assurer la sécurité de sa frontière algérienne, avaient été reconnues par toutes les puissances européennes.

Mais l'Italie, surtout depuis 1879, avait commencé à convoiter la Tunisie. Son consul s'occupait activement à nous desservir auprès de Mohammed-el-Sadok. Les droits des Français à Tunis étaient outrageusement méconnus; peu à peu, les concessions accordées à nos nationaux passaient aux mains de sujets italiens.

M. ROUSTAN.

Le gouvernement de Rome, au mépris des engagements les plus formels, faisait acheter subrepticement, par la *Compagnie Rubattino*, mais avec l'argent de l'État, le chemin de fer de Tunis à La Goulette.

Nous étions représentés à Tunis par M. Roustan, un homme de grand cœur et de grande intelligence, un diplomate de premier ordre; pendant des années il lutta contre les intrigues italiennes; mais il vint un moment où la malveillance du bey, complètement gagné par nos rivaux, rendit sa tâche impossible.

Cette malveillance se manifesta encore par des violations de frontières plus multipliées et plus audacieuses que jamais. Les Kroumirs, aidés parfois de soldats de l'armée régulière tunisienne, *razziaient* nos tribus algériennes : on tuait les hommes, on enlevait les femmes, les enfants, les troupeaux. De 1871 à 1881, on n'avait pas relevé moins de 2 365 violations de frontière. Cela ne pouvait durer sans que le prestige de la France en Algérie en fût gravement atteint.

Le 31 mars 1881, les maraudeurs osèrent s'attaquer à un poste français : il y eut un véritable combat, où un soldat du 59° de ligne fut tué et un caporal grièvement blessé.

Un cri s'éleva en France. M. Jules Ferry était alors président du Conseil. Or, les mêmes députés qui ont depuis accusé ses insatiables ambitions coloniales dénonçaient alors sa prétendue négligence à défendre l'honneur français. M. Lockroy écrivait dans le *Rappel :* « C'est à Tunis que vous devriez être ! C'est une honte de ne pas être encore à Tunis ! »

Les crédits demandés pour faire face à une expédition en Tunisie furent votés *unanimement* par les Chambres françaises.

25 000 hommes de l'armée d'Algérie furent alors concentrés à la frontière de Tunisie, sous le commandement du général Forgemol.

Le 22 avril 1881, on passa la frontière, et, après une faible résistance, les Kroumirs furent partout refoulés. Dès lors, il n'est plus question d'eux.

Le général Forgemol s'avança par la vallée de la Medjerdah et s'empara du *Kef,* la citadelle la plus importante de la région.

En même temps, une expédition avait été préparée dans le plus grand secret à Toulon ; le secret fut si bien gardé que Paris et l'Europe apprirent avec étonnement, le 2 mai 1881, que le général Bréart avait débarqué à *Bizerte*, avec 15 000 hommes, et occupé la ville sans difficulté.

Le 12 mai, quand le général Bréart parvint à la *Manouba*, à 2 kilomètres du palais du *Bardo*, où résidait le bey, celui-ci avait déjà renoncé à toute idée de résistance.

Le général Bréart lui fut présenté par M. Roustan, et, le jour même, le bey signa un traité par lequel il reconnaissait le **protectorat** de la France.

Dès lors, les soldats du bey, commandés par le prince Ali, aidèrent les troupes françaises à la pacification du pays. Les tribus insurgées demandèrent partout l'*aman*, c'est-à-dire le pardon.

Toute la campagne n'avait duré que deux mois, et on n'avait pas eu à livrer un combat important. Précisément parce que la France avait déployé du premier coup des forces imposantes, on avait découragé l'ennemi, lui enlevant jusqu'à l'idée de résister.

M. BARTHÉLEMY SAINT-HILAIRE.

D'autre part, la rapidité des opérations, la fermeté de M. Jules Ferry et de M. Barthélemy Saint-Hilaire, ministre des Affaires étrangères, avaient déconcerté les intrigues de certaines puissances européennes.

Ce qui vint tout gâter, ce fut le bruit que l'opposition, en France, fit dans les journaux et au Parlement. Pendant toute la campagne, on n'avait cessé de répandre les fausses nouvelles, les fausses alarmes.

Parce qu'il y avait eu dans l'armée de Tunisie quelques cas de fièvre typhoïde, on réclama à grands cris la diminution du corps expéditionnaire.

Le gouvernement dut céder à cette pression de l'opinion égarée. On rappela d'un seul coup 10 000 soldats français.

Ce fut un malheur. Les mécontents et les tribus rebelles relevèrent aussitôt la tête. Des bandes armées se montrèrent dans la campagne et attaquèrent nos convois. La ville de *Sfax* se mit en insurrection, la populace y pilla le quartier des Européens; le vice-consul de France y fut blessé.

Pour avoir rappelé trop vite ces 10 000 Français, on fut obligé d'en renvoyer 30 000 en Tunisie; mais, du moins, la répression fut prompte et complète.

Sfax fut bombardé par la flotte française : le 16 juillet 1881, 3 000 marins et soldats débarquèrent sous le feu de l'ennemi et emportèrent d'assaut la ville après une résistance acharnée.

On occupa ensuite les autres villes de la côte, *Souse*, *Gabès*, avec l'île de *Djerbah*, jusqu'à la frontière de la province turque de Tripolitaine.

Trois colonnes marchèrent simultanément sur Kérouan, la ville la plus importante de l'intérieur, la *Ville sainte* de la Tunisie. Elle n'essaya même pas de se défendre, et l'armée française y entra triomphante, le 29 septembre.

Ce qui rassura surtout les Kérouanais, ce fut de voir les spahis et les turcos de notre armée se conduire en bons musulmans, allant faire leurs dévotions aux mosquées de la ville et aux tombeaux des saints de leur religion.

La conquête, cette fois, était achevée et bien achevée.

Depuis lors, il n'y a plus eu l'ombre d'une difficulté en Tunisie. Le prince Ali a succédé paisiblement à son frère Mohammed-el-Sadok, mort en octobre 1882. Tandis que la conquête de l'Algérie a duré près de trente ans, qu'il a fallu plusieurs fois y réunir jusqu'à 100 000 hommes, et qu'en 1871, en 1881 encore, des insurrections y ont éclaté, — la conquête de la Tunisie n'a pris que sept mois.

Pourtant on sait de quelles attaques, de quelles

OFFICIER ET SOLDATS TUNISIENS.

calomnies la Tunisie a été le prétexte contre M. Jules Ferry et contre ses collaborateurs, M. Roustan, par exemple.

Les faits se sont chargés de justifier sa politique. La Tunisie est reconnue par tout le monde aujourd'hui comme une magnifique acquisition. Elle est le complément naturel de l'Algérie; elle assure la sécurité de notre frontière algérienne; elle ajoute à notre puissance sur la Méditerranée. Comme les populations de la Tunisie sont plus paisibles et plus industrieuses que celles de l'Algérie, la prospérité s'y est aussi développée bien plus rapidement.

Les colons et les industriels français s'y sont portés en grand nombre. En 1883, ils y achetaient seulement 1 000 hectares de terre; en 1884, ils en achetaient 40 000! En 1885, à l'exposition d'Anvers (Belgique), trois médailles étaient accordées à nos viticulteurs de Tunisie, et la Tunisie y obtenait plus de récompenses que la Russie et l'Italie. A l'Exposition universelle de 1889, la section tunisienne attire l'attention émerveillée du monde entier.

MONSEIGNEUR LAVIGERIE.

Nous avons déjà construit en Tunisie 410 kilomètres de chemins de fer; il y a 400 kilomètres en construction.

Le chiffre du commerce tunisien a doublé depuis notre occupation : il est aujourd'hui de 28 millions à l'importation et de 21 millions et demi à l'exportation; il se fait pour les deux tiers avec la France.

Les finances du pays, depuis qu'elles sont administrées par nous, se sont relevées rapidement. Le budget se solde par un excédent de recettes : quel État européen pourrait en dire autant? La Tunisie, autrefois en faillite, paie régulièrement ses créanciers. Elle vient d'opérer, dans les conditions les plus avantageuses, la conversion de sa dette consolidée.

C'est la Tunisie qui paie l'administration française, les tribunaux français, les écoles françaises, une partie, de plus en plus grande chaque année, des frais d'occupation de l'armée française.

M. PAUL CAMBON.

Ces résultats ont été acquis sans que nous ayons augmenté les charges des indigènes : au contraire, nous avons diminué tous les impôts et supprimé les plus onéreux. Aussi l'intérêt des populations tunisiennes nous répond de leur fidélité.

L'homme qui a le plus servi à nous gagner les sympathies du bey Ali et de ses sujets, c'est M. Paul Cambon, résident général de France à Tunis et premier ministre du bey, de 1881 à 1887.

Mgr Lavigerie, archevêque d'Alger, dont la suprématie religieuse s'étend sur la Tunisie, a contribué beaucoup aussi à nous rallier les catholiques d'origine espagnole, italienne et maltaise.

IV. — MADAGASCAR.

Madagascar, la plus grande île de l'Afrique, est située dans l'Océan indien, non loin de l'île de la **Réunion**, qui est restée française, et de l'île **Maurice**, que les Anglais nous ont enlevée en 1810, mais où l'on continue à parler le français, à juger d'après le Code Napoléon, et à aimer la France comme la mère-patrie.

SURFACES COMPARÉES
DE LA FRANCE ET DE MADAGASCAR.

Madagascar a une superficie de 591 964 kilomètres carrés ; elle a donc 60 000 kilomètres carrés de plus que la France. Elle a 1 600 kilomètres de long.

C'est un pays très fertile, qui produit des céréales, des denrées coloniales, et où les colons de Maurice et de la Réunion viennent s'approvisionner de bétail. Il possède des mines très riches, pour toute sorte de métaux, mais aucune n'est exploitée. Il n'est malsain que sur quelques points du littoral.

Si l'île de Madagascar était bien cultivée, elle nourrirait aisément de trente à quarante millions d'habitants.

Cependant la population actuelle n'est que de trois millions et demi d'habitants : cela tient à ce que l'île a toujours eu un mauvais gouvernement et qu'elle a été ravagée par les guerres entre les tribus.

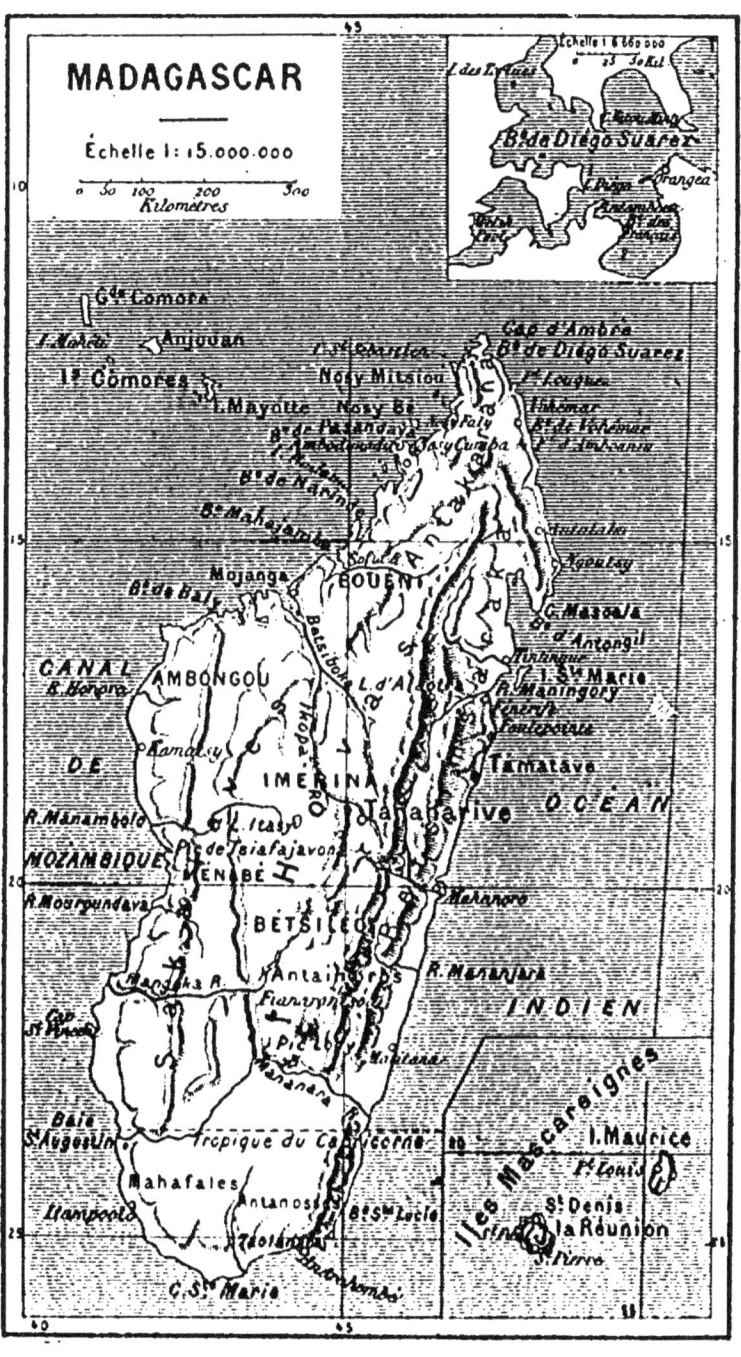

Il y a là une race dominante qu'on appelle les *Hovas* et qui habite le centre de l'île; elle a conquis et opprimé les autres peuplades, dont la plus importante est celle des *Sakalaves*.

Les Hovas eux-mêmes obéissent à une reine qui gouverne despotiquement. Récemment encore, tout Hova suspect au gouvernement était exécuté ou contraint de s'empoisonner : à plusieurs reprises, des exécutions en masse ont dépeuplé la capitale et les provinces voisines.

Les principales villes sont, dans l'intérieur des terres, *Tananarive*, capitale du royaume, peuplée de 80 000 habitants, et *Fianarentsoa*, 16 000 ; sur la côte, *Tamatave*, 15 ou 20 000 habitants; *Foulepointe*, 4 000 ; *Mojanga*, 16 000.

Les autres localités ne sont que des villages. Il n'y a de routes nulle part, mais seulement des sentiers, parfois si étroits dans les régions montagneuses que deux hommes n'y peuvent marcher de front.

C'est en 1642, sous le cardinal de Richelieu, que les Français, avec le capitaine Rigault, tentèrent, pour la première fois, de s'établir dans l'île; c'est donc de 1642 que datent nos droits sur Madagascar.

Sous Louis XIV, un édit de 1665 donnait à Madagascar le nom d'île *Dauphine;* on l'appelait aussi du beau nom de **France orientale.**

Même après nos désastres du premier Empire, même en 1815, nos droits sur Madagascar avaient été reconnus par les Anglais eux-mêmes.

Ils ne cessèrent pas pour cela de nous disputer l'influence à Tananarive.

Voici comment ils opèrent presque toujours : ils envoient des missionnaires, chargés de convertir les indigènes au protestantisme; ces missionnaires distribuent des bibles, bâtissent des chapelles, parlent sans cesse de la gloire et de la grandeur de l'Angleterre, et tâchent d'introduire des marchands et des marchandises britanniques.

Les Français s'efforçaient de lutter contre l'influence des missionnaires anglais : sous Napoléon III, M. de Lastelle, M. Laborde, M. Lambert, furent assez en faveur auprès de la reine Ranavalo : ils lui apportèrent des fusils, de la poudre, des canons, créèrent des plantations florissantes, exploitèrent les richesses minières.

Ils avaient gagné le cœur du prince héritier, plus tard roi sous le nom de Radama II, et celui-ci avait pris l'engagement, lorsqu'il serait roi, de reconnaître le protectorat de la France.

Les missionnaires anglais dénoncèrent à la reine ce qu'ils appelaient la conspiration des Français : ceux-ci furent chassés, et leurs établissements ruinés. Les indigènes que des missionnaires français avaient convertis au catholicisme furent massacrés par milliers.

A la mort de cette reine, quand Radama II devint roi, Napoléon III, par excès de ménagement envers les Anglais, n'osa pas accepter le protectorat de Madagascar. On se contenta de signer le *traité du 8 août 1868 :* il donnait certaines garanties aux Français qui s'établiraient dans l'île.

Radama mourut à son tour ; sa veuve fut proclamée reine sous le nom de Rasoherina. Puis une autre reine, Ranavalo, lui succéda le 13 juillet 1882.

Sous ces deux princesses, les missionnaires anglais reprirent toute leur influence. Ils l'employèrent contre les Français. Les héritiers de M. Laborde furent dépouillés des biens que leur avait concédés le roi Radama.

En mars 1881, un navire français, *le Touélé*, fit naufrage sur la côte de Madagascar : quatre Français échappés au désastre furent massacrés par les indigènes.

En janvier 1882, des officiers hovas décidèrent le petit roi de *Nosy-Mitsiou* à arborer le pavillon hova : c'était une violation de nos droits sur une île qui était placée sous notre autorité depuis 1841.

Ils agissaient de même dans la baie de *Pasandava*, que nous possédions depuis 1840.

A Madagascar même, le gouvernement hova édictait une loi qui enlevait aux Français le droit de posséder des terres dans l'île, droit formellement reconnu par les traités.

L'AMIRAL PIERRE.

M. de Freycinet, alors ministre des Affaires étrangères, fit des remontrances sévères, mais inutiles, à la reine des Hovas.

Celle-ci répondit en envoyant à Paris une ambassade qui, après quelques semaines de vaines négociations, quitta précipitamment la France.

En mars 1882, la situation devint intolérable : des menaces étaient adressées tous les jours à M. Baudais, consul français à Tananarive. Devant ces outrages, il fut obligé de rompre avec la cour et de se retirer au port de Tamatave. Son chancelier, M. Campan, qu'il avait laissé à Tananarive, fut également menacé et obligé de partir.

Il fallait agir énergiquement, si on ne voulait pas

être la risée de nos rivaux européens et des peuples barbares.

Le commandant Le Timbre, avec trois navires de guerre, se rendit successivement à Nosy-Mitsiou et à la baie de Pasandava : partout, il fit abattre le drapeau hova et replaça le drapeau tricolore.

Puis, comme les Hovas s'obstinaient, sur l'ordre

FONCTIONNAIRE HOVA ET AUXILIAIRES SAKALAVES.

de M. Jules Ferry, qui venait de prendre la direction des Affaires étrangères, le contre-amiral Pierre, avec une flotte imposante, bombarda les villes de la côte; il occupa celles de Mojanga et de Tamatave.

Son successeur, l'amiral Miot, s'empara de l'admirable baie de *Diégo-Suarez* et établit un blocus complet autour de Madagascar.

Les Chambres françaises, malgré les efforts de

l'opposition, n'hésitèrent pas à voter les fonds nécessaires.

Même quand M. Jules Ferry eut été renversé le 30 mars 1885, son successeur à la présidence du conseil, M. Brisson, poursuivit la même politique, bien qu'il appartînt au parti radical : tant cette politique était conforme aux intérêts et à l'honneur de la France !

Au corps expéditionnaire français étaient venus se joindre de nombreux volontaires de l'île de la Réunion et même de l'île Maurice, bien que les Français de Maurice soient sujets de l'Angleterre.

En outre, on avait armé et discipliné à l'européenne un certain nombre de ces indigènes sakalaves qui supportaient impatiemment le joug des Hovas.

Le 27 août 1885, le commandant Pennequin, chargé de défendre la baie de Pasandava, courut au devant d'un nombreux corps de Hovas : il n'avait avec lui que 50 Français et 70 Sakalaves. Ces auxiliaires montrèrent beaucoup de bravoure. Les Hovas furent complètement battus.

Le 10 septembre et le 10 novembre, on éprouvait deux échecs en attaquant, sans précautions suffisantes, au gué de Farafate et devant Tamatave, des retranchements en terre munis d'une nombreuse artillerie.

A la fin, les Hovas s'avouèrent vaincus et signèrent le *traité du* 17 *décembre* 1885.

Par ce traité, nous reconnaissions la reine Ranavalo comme souveraine de l'île entière ; en échange, elle reconnaissait notre **protectorat** sur toute l'étendue de ses États. Un résident français devait séjourner dans la capitale avec une escorte de 50 hommes. La reine payait une indemnité de guerre de 10 millions; jusqu'à l'entier paiement de cette somme, nous continuerions à occuper Tamatave et à y percevoir les douanes. Nous devions évacuer tous les autres points occupés pendant la guerre ; mais la reine nous cédait en toute propriété la baie de **Diégo-Suarez**. Enfin, les Français obtenaient le droit de posséder des terres dans l'île et d'y créer des établissements.

On aurait obtenu des conditions plus favorables encore, si la Chambre des députés ne s'était pas laissé impressionner par des échecs insignifiants. Mais tel qu'il est, ce traité nous assure de grands avantages :

La cession de Diégo-Suarez nous met en possession d'une rade magnifique, où l'on pourrait établir le plus beau port de commerce et de guerre qu'il y ait dans l'océan Indien ; — ainsi, la perte de l'île Maurice en 1810 se trouve réparée.

Par Diégo-Suarez, par nos anciennes îles dans le voisinage de Madagascar, par nos récentes acquisitions dans les Comores, nous entourons complètement Madagascar et nous sommes en mesure d'empêcher aucune autre influence d'y pénétrer.

M. LE MYRE DE VILERS.

L'autorisation de posséder des terres dans l'île assure le développement de la colonisation française ; là, nos premiers colons seront d'abord les habitants de l'île de la Réunion, qui est trop étroite pour sa nombreuse population, et aussi des habitants de l'île Maurice, qui sont si Français de cœur.

Grâce au protectorat, un résident aussi habile que l'est M. Le Myre de Vilers peut surveiller la politique de la cour, gagner, comme il l'a déjà fait, la confiance de la reine et de son premier ministre, enfin protéger efficacement nos alliés sakalaves et les colons français.

La République a donc obtenu un résultat que l'ancienne monarchie a vainement poursuivi pendant cent cinquante ans : Madagascar fait enfin partie de l'empire colonial de la France, et on pourrait lui rendre, dès maintenant, sa glorieuse appellation du xviie siècle : *la France orientale*.

Il est d'autant plus heureux que nous n'ayons pas perdu de temps à nous assurer ces avantages que les Allemands et les Anglais font en ce moment de grands efforts pour s'emparer de l'île de Zanzibar et de toute la côte orientale d'Afrique, et qu'ils sont même en conflit dans ces parages; or, ce que nous avons pris est d'une valeur infiniment supérieure à ce qu'ils se disputent si âprement. Si M. Jules Ferry avait négligé de faire valoir nos droits sur la grande île, aujourd'hui elle serait peut-être anglaise, mais, plus probablement, allemande.

V. — L'INDO-CHINE.

Ce qu'on appelle aujourd'hui l'**Indo-Chine française** se compose de quatre parties :

1° **Le royaume de Cambodge.** — La capitale est *Pnom-Penh*, avec 30 à 35 000 habitants. Le roi s'appelle Norodom Ier. Le résident français est comme le premier ministre du roi. Notre autorité est si bien établie que nous avons pu abolir l'esclavage. Il y a un tribunal français à Pnom-Penh.

2° **La Cochinchine française.** — Elle se compose de six provinces. — Le chef-lieu est *Saïgon*, avec environ 70 000 habitants. — La Cochinchine est une *possession directe* de la France : elle est administrée par

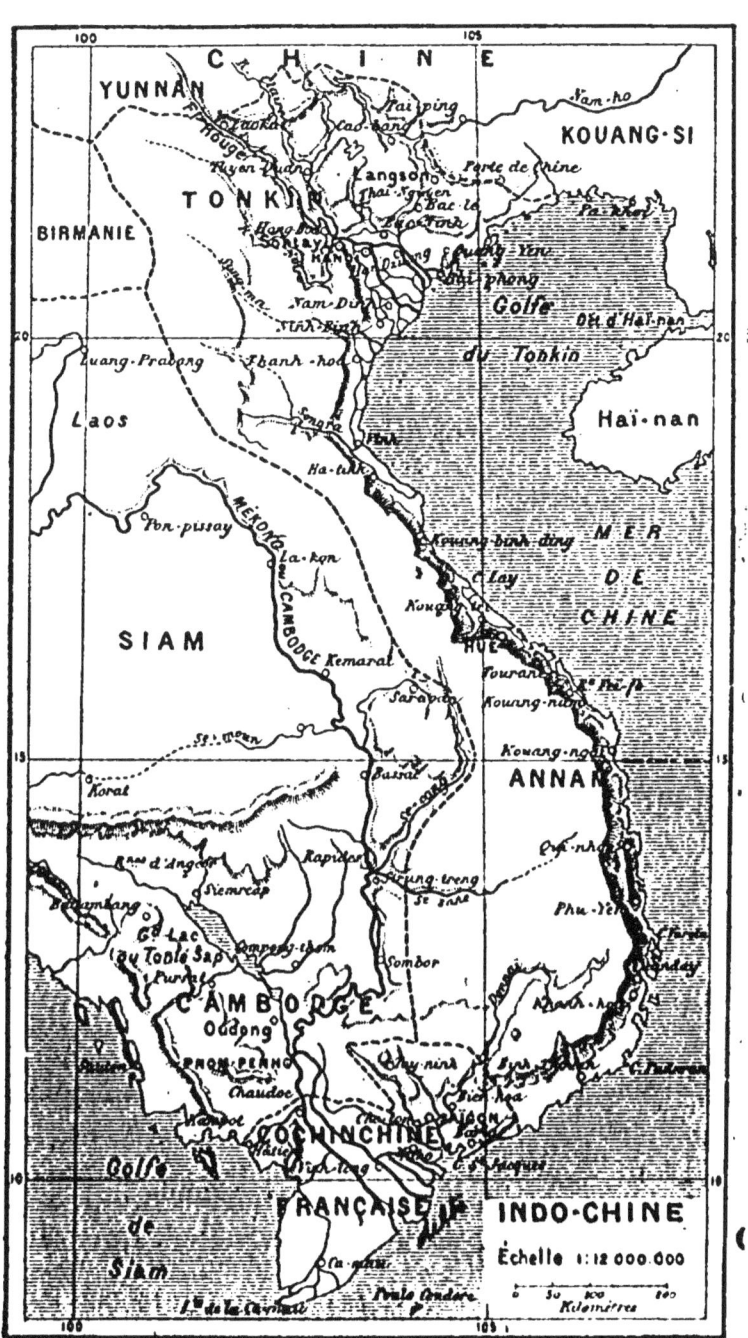

44 LES NOUVELLES COLONIES

un gouverneur. — Elle est représentée au Parlement français par un député : il est élu par un millier d'électeurs. — Le chiffre du commerce est de 117 millions de francs.

3° **L'Annam.** — La capitale est *Hué*, qui a 30 000 habitants : c'est là que réside l'empereur d'Annam. Il faut citer aussi les ports de *Feï-fo, Tourane, Qui-Nhon, Xuanday.*

SURFACES COMPARÉES DE LA FRANCE ET DE L'INDO-CHINE FRANÇAISE.

4° Le **Tonkin**, dont les principales villes sont : *Hanoï*, chef-lieu, 70 000 habitants; *Haï-Dzuong*, 10 000 habitants, *Haïphong*, 10 000 habitants, très bon port ; *Bac-Ninh, Hong-Hoa, Tuyen-Quan, Sontay, Ninh-Binh, Nam-Dinh* ; enfin, *Laokai*, qui est tout au nord, et *Langson*, à l'est, sur la frontière de Chine.

Tandis que le Cambodge, la Cochinchine, l'Annam, sont arrosés par le fleuve *Mékong* et ses affluents, le Tonkin est arrosé par le *Song-Koï*, ou *Fleuve-Rouge*, dont les sources se trouvent dans l'empire chinois.

Toutes ces possessions françaises sont limitées :

A l'ouest, par le royaume de *Siam*, qui touche lui-même à la *Birmanie*, un royaume que les Anglais ont conquis en 1886 ;

Au nord et à l'est, par le *Yunnan* et le *Kouang-Si*, deux provinces de l'empire chinois.

En face du Tonkin, se trouve la grande île chinoise de *Haïnan*.

Autrefois, l'empire d'Annam comprenait, non seulement l'*Annam*, mais le *Tonkin* et même la

Cochinchine française. C'est la même race qui habite ces trois régions : tous sont des *Annamites*.

Les empereurs annamites ont été autrefois puissants et glorieux : ils avaient conquis plusieurs des pays voisins ; mais ils reconnaissaient une certaine supériorité à l'empereur de Chine ; ils lui payaient même une sorte de tribut.

Les Annamites sont de la grande *race jaune*, comme les Chinois, et ils professent une religion qui est à peu près celle des Chinois.

Nos relations avec l'empire annamite datent du règne de Louis XIV : Colbert, ayant appris que ces pays étaient très riches, y envoya des marchands et des missionnaires.

Plus tard, l'empereur annamite Gia-Long avait été réduit à fuir devant des compétiteurs au trône ; par les conseils d'un missionnaire français, Mgr Pigneau de Béhaine, évêque *in partibus* d'Adran, il implora le secours du roi Louis XVI. Ses ambassadeurs vinrent à Paris, avec l'évêque d'Adran, et signèrent le *traité de Versailles* (28 novembre 1787). Par ce traité, Gia-Long cédait à la France le port de **Tourane** et les îles **Poulo-Condore**, en échange de secours en hommes, en armes et en argent ; il s'engageait à protéger notre commerce et à permettre l'exercice du culte catholique dans ses États.

Louis XVI ne put exécuter ce traité ; mais l'évêque d'Adran trouva moyen de recruter en France un certain nombre d'officiers et d'ingénieurs, qui vinrent organiser à l'européenne l'armée et la marine de l'Annam. C'est avec le secours de ceux-ci que Gia-Long put reconquérir ses États.

L'évêque d'Adran resta jusqu'à sa mort (en 1798) le conseiller le plus écouté de ce prince ; mais ensuite l'influence des Français déclina.

En 1858, la cour de Hué avait commis de telles

injustices envers les missionnaires et les marchands européens que la France et l'Espagne s'unirent pour lui faire la guerre : leurs soldats remportèrent de brillants succès.

C'est alors que les Français commencèrent la conquête de la Cochinchine et établirent leur protectorat sur le Cambodge, dont jusqu'alors les souverains d'Annam et de Siam se disputaient la possession.

M. DUPUIS
(en costume chinois).

L'amiral de la Grandière, qui avait fait cette conquête, conseillait à l'empereur Napoléon III d'établir le protectorat français sur l'empire d'Annam tout entier. — La malheureuse guerre avec la Prusse empêcha de donner suite à ce dessein.

Cependant les négociants français ne renonçaient pas à l'idée d'ouvrir le Tonkin, la plus fertile de toutes ces régions, au trafic européen. Par le Fleuve-Rouge, qui traverse le Tonkin, on aurait pu entrer en relations commerciales avec les plus riches provinces de l'Empire chinois.

C'est ce qu'entreprit M. Dupuis en 1873. Pour se faire respecter des mandarins (1) annamites du

(1) Les *mandarins* sont les lettrés du pays ; ils sont presque seuls à pouvoir déchiffrer les écritures annamite et chinoise; aussi est-ce parmi eux qu'on recrute les gouverneurs de province et aussi les généraux d'armée.

Tonkin, très hostiles aux Français, il enrôla quatre cents hommes, tant Européens que Chinois, avec lesquels il fut un moment le maître du pays.

L'amiral Dupré, commandant en chef des forces françaises à Saïgon, fut alors invité par la cour d'Annam à intervenir entre M. Dupuis et les mandarins.

Il chargea le lieutenant de vaisseau, Francis Garnier, d'aller apaiser ce conflit : Garnier vint mouiller devant *Hanoï* avec deux chaloupes canonnières et 175 hommes.

Presque aussitôt, il fut lui-même traité en ennemi par les mandarins. Alors il donna raison à Dupuis et déclara que le Fleuve-Rouge serait désormais ouvert aux navires de toutes les nations. Une armée annamite, forte de 7 000 hommes, s'était rassemblée dans la

FRANCIS GARNIER.

forteresse de Hanoï ; les soldats de Garnier, aidés des 400 hommes de M. Dupuis, enlevèrent d'assaut cette forteresse (20 novembre 1873).

Puis Garnier conquit les autres villes du Tonkin et prit en main le gouvernement du pays.

La cour de Hué fut effrayée : elle appela à son aide les *Pavillons-Noirs*, sortes de brigands ou pirates chinois, qui étaient déjà commandés par le célèbre Luh-Vinh-Phuoc, que nos marins appelaient le *Phoque*.

Le 21 décembre 1883, Garnier tomba dans une embuscade des Pavillons-Noirs, aux environs de Hanoï, et fut massacré.

La France était alors gouvernée par le ministère dit de l'*ordre moral;* M. de Broglie était ministre des Affaires étrangères ; il chargea le lieutenant de vaisseau Philastre de négocier avec la cour de Hué. Celui-ci fit venir à Saïgon les plénipotentiaires annamites et signa avec eux le traité du 15 mars 1874, dit *deuxième traité de Saïgon* ou *traité Philastre.*

Par ce traité, les Français promettaient d'évacuer le Tonkin ; mais l'empereur d'Annam s'engageait à *conformer sa politique extérieure à celle de la France;* en d'autres termes, il acceptait notre **protectorat**. Il promettait l'amnistie aux indigènes tonkinois qui avaient aidé M. Dupuis et Garnier dans leurs entreprises, ainsi que le libre exercice du culte catholique. De son côté, la France s'engageait à garantir l'indépendance de l'empereur annamite contre toute puissance étrangère, à l'aider dans la répression du brigandage et de la piraterie, à lui fournir des instructeurs militaires pour son armée, des ingénieurs et des capitaines de vaisseau pour sa flotte, à lui donner cinq navires de guerre, cent canons et mille fusils.

Ce traité est l'origine de toutes les complications qui suivirent ; car, en assumant le protectorat sur l'Annam et en promettant de le défendre *contre toute puissance étrangère*, on portait atteinte aux prétentions que la Chine avait toujours élevées sur ce pays ; en s'engageant à réprimer la piraterie, on entrait par cela même en lutte avec les bandes de Luh-Vinh-Phuoc.

On voit donc que ce n'est pas M. Jules Ferry qui a créé le conflit avec la Chine et mis nos soldats aux prises avec les Pavillons-Noirs.

La cour de Hué donna bientôt la mesure des bonnes dispositions et de la bonne foi qu'on pouvait attendre d'elle : les malheureux indigènes du Tonkin qui avaient espéré de nous la fin de leurs misères, ceux qui avaient pris les armes pour aider M. Dupuis et Garnier, ceux qui étaient devenus chrétiens, espérant qu'ainsi les Français verraient en eux des frères, furent livrés sans défense aux vengeances de leurs anciens maîtres. Des milliers d'entre eux furent décapités, empalés ou livrés à des supplices encore plus affreux.

D'autre part, la situation des marchands européens au Tonkin devenait intolérable; le Fleuve-Rouge était plus fermé que jamais à nos navires; les Pavillons-Noirs, et même des troupes chinoises venues du Yunnan et du Kouang-Si, exerçaient en grand le brigandage.

La cour de Hué cherchait même à provoquer des insurrections dans la Cochinchine française.

Enfin, elle s'était rapprochée de la Chine et négociait avec elle, ce qui était une violation formelle du traité Philastre.

L'ambassadeur de Chine à Paris, le célèbre marquis de Tseng, protesta, à la fin de 1881, contre ce traité comme portant atteinte aux droits de son empereur; Gambetta, alors ministre des Affaires étrangères, lui répondit que la protestation venait trop tard, puisque le traité existait depuis huit ans.

La Chine continuait à laisser des bandes armées pénétrer au Tonkin; elle occupait plusieurs districts tonkinois; plus tard, elle proposa à M. Bourée, notre ministre à Pékin, un projet de traité inacceptable; car elle entendait nous faire renoncer au traité de 1874 et nous obliger à partager avec elle le Tonkin.

M. Le Myre de Vilers était alors gouverneur de la Cochinchine et chargé des intérêts du protectorat sur le Tonkin. Il adressa d'abord à la cour des avertissements énergiques.

Comme les paroles ne servaient à rien, il envoya à Hanoï le capitaine de vaisseau Rivière. Ses instructions à Rivière portaient qu'on ne devait avoir recours à la force qu'en cas de nécessité absolue.

Malheureusement, l'attitude des mandarins exigea le recours à la force. Le gouverneur annamite de Hanoï, sommé de livrer la citadelle, refusa. Rivière fut obligé de l'emporter d'assaut.

Bientôt les Pavillons-Noirs vinrent nous menacer dans Hanoï. Le 19 mai 1883, dans une sortie contre eux, Rivière se heurta, près du *Pont-de-Papier*, à des forces très supérieures; il fut tué avec plusieurs officiers; les Français opérèrent en bon ordre leur retraite sur Hanoï. Les cadavres et les blessés qu'on dut abandonner furent décapités par les Chinois.

RIVIÈRE.

A ce moment, M. Jules Ferry était président du conseil et M. Challemel-Lacour était ministre des Affaires étrangères. Ils demandèrent des crédits aux Chambres pour qu'on pût envoyer des renforts au Tonkin.

La Chambre des députés vota les crédits; donc elle approuvait la politique du gouvernement: elle n'admettait pas que la Chine pût nous obliger à supprimer le traité de 1874, ni à partager avec elle le Tonkin, c'est-à-dire à démembrer un royaume dont nous avions garanti l'indépendance et l'intégrité.

Comme c'était dans la capitale même de l'Annam que toutes les intrigues étaient ourdies contre nous, on envoya à *Hué* un corps expéditionnaire.

Les forts qui défendaient cette capitale furent bombardés; le 20 août, nos troupes entraient dans Hué. Le 23 août, l'empereur d'Annam reconnaissait de nouveau notre protectorat sur l'Annam et le Tonkin; il nous donnait le droit d'occuper ses ports et ses forteresses, d'administrer les douanes et d'avoir à Hué un résident avec une escorte suffisante.

Au Tonkin, les bandes annamites et les pirates chinois furent battus dans une série de rencontres.

Malgré l'arrivée de renforts chinois, le colonel Brionval prit *Haï-Dzuong*, le 19 août; l'amiral Courbet prit *Sontay*, le 16 décembre; le général Millot prit *Bac-Ninh*, le 12 mars; le général de Négrier prit *Hong-Hoa*, le 13 avril 1883. La mort de Garnier, celle de Rivière étaient glorieusement vengées.

La Chine nous faisait la guerre sans nous déclarer la guerre, se réservant de s'inspirer des événements; mais cette succession de victoires françaises commençait à la décourager.

Le 11 mai 1884, elle signait avec notre plénipotentiaire, M. Fournier, le *premier traité de Tien-Tsin*, ou *traité Fournier*, par lequel elle s'engageait à retirer ses troupes de toutes les provinces du Tonkin et à respecter tous les traités que nous avions conclus avec l'Annam. Elle s'engageait même à favoriser le commerce entre le Tonkin et les provinces chinoises qui y confinaient.

Le traité de protectorat de Hué et le traité de paix de Tien-Tsin étaient de brillants succès diplomatiques; la France avait imposé sur tous les points sa volonté; et, si l'intervention des Chinois avait un moment compliqué la situation, les inconvénients en étaient largement compensés par les avantages commerciaux que M. Fournier avait stipulés.

Il semblait donc que tout fût fini et bien fini.

Une fâcheuse aventure vint tout compromettre. Les

Chinois ayant promis d'évacuer la totalité du Tonkin, le général Millot crut pouvoir faire occuper *Langson*, la ville qui est le plus à l'est. Il envoya à cet effet une colonne de 800 hommes. A peu près à moitié du chemin, près de *Bac-Lé*, cette colonne rencontra toute une armée chinoise qui l'accueillit à coups de fusil. On se battit le 23 et le 24 juin, et cette poignée de Français dut rétrograder devant des forces vingt fois plus nombreuses.

L'AMIRAL COURBET.

Le parti de la guerre à la cour de Pékin n'avait accepté le traité Fournier qu'à contre-cœur. Il imagina de justifier ce guet-apens en accusant les Français d'agression. Il refusa toute satisfaction et accumula sur la frontière du Tonkin des forces imposantes, tant de l'armée du Yunnan que de l'armée du Kouang-Si.

Au lieu de subir une petite guerre de détail dans le Tonkin, c'est sur les côtes mêmes de l'empire chinois qu'on se décida donc à porter la guerre.

L'amiral Courbet se dirigea avec la flotte française sur *Fou-Tchéou*, le port militaire le plus important de la Chine, où des ingénieurs français avaient autrefois construit de magnifiques arsenaux et des fortifications redoutables. La flotte chinoise ne put, même un instant, tenir tête à la nôtre: elle perdit 22 bâtiments et 2,000 hommes. Puis, pendant six jours, l'amiral Courbet bombarda les forts et les arsenaux, infligeant ainsi à la Chine une perte de près de 30 millions.

Puis il débarqua dans la grande île de *Formose* et y enleva la forteresse de *Kélung*, autour de laquelle il y a d'immenses gisements de houille, mais ne put prendre celle de *Tamsui*. Puis il attaqua une nouvelle escadre chinoise, composée de cinq cuirassés et, près de *Sheïpou*, en fit sauter deux avec ses torpilleurs (13 janvier 1885). Puis il occupa les îles *Pescadores*, afin d'avoir un point de relâche sur les côtes de la Chine (fin mars 1885). Puis il établit un blocus si rigoureux dans le golfe du *Petchili*, presque en face de *Pékin*, que les arrivages de riz dans les provinces les plus populeuses de la Chine furent arrêtés et que la disette commença à s'y déclarer.

LE SERGENT BOBILLOT
(mort de ses blessures).

Pendant ce temps, le général Brière de l'Isle, commandant en chef, avait envoyé 7 000 hommes, sous le commandement du général de Négrier, repousser l'armée du Kouang-Si et occuper *Langson*.

Négrier battit plusieurs fois les Chinois sur ce long parcours; le 13 février, il entrait à Langson; puis, poussant l'ennemi l'épée dans les reins, il faisait sauter la *Porte de Chine* sur la frontière de l'Empire.

Quant à l'autre armée chinoise, qui arrivait du Yunnan, elle tenta vainement de prendre *Tuyen-Quan*. 600 Français, la plupart de la Légion étrangère, qui était composée surtout d'Alsaciens-Lorrains, résistèrent plus de trois mois à 15 000 Chinois, et furent délivrés enfin le 3 mars par le général Brière de l'Isle. L'honneur de cette belle défense revient au chef de bataillon Dominé et au sergent du génie Bobillot.

Cette fois, la Chine était terrifiée : battue partout au Tonkin, menacée de perdre Formose et les îles Pescadores, ayant vu détruire son grand arsenal et toute sa flotte de guerre, menacée d'une famine qui aurait fait d'incalculables ravages dans ses fourmilières d'hommes, cet empire de cinq cent millions d'âmes, qui pourrait armer des millions de soldats, allait capituler devant une poignée de Français.

M. LE GÉNÉRAL DE NÉGRIER.

Dès le 10 janvier 1885 était arrivé à Paris un Anglais, sir James Duncan Campbell. Il était représentant à Londres de sir Robert Hart, un autre Anglais, inspecteur général des douanes chinoises. Or, celui-ci était chargé par le gouvernement de Pékin de demander à M. Jules Ferry à quelles conditions il accorderait la paix à la Chine.

Malgré nos victoires du Tonkin et de Chine, M. Ferry déclara ne pas exiger autre chose que l'exécution du traité de Tien-Tsin.

Ces conditions transmises à Pékin parurent acceptables au gouvernement chinois. Mais M. Robert Hart demandait que le secret de ces négociations ne fût pas révélé avant que tous les détails fussent réglés.

M. Ferry était donc sur le point de mettre fin à cette longue affaire du Tonkin, de signer la paix la plus honorable pour la France et pour sa politique.

Un très petit incident de guerre vient tout renverser.

Le 28 mars, le général de Négrier, s'étant avancé avec trop de hardiesse, se trouva à quelque distance de Langson, avec 3 500 hommes seulement, en présence de toute une armée chinoise. Il résistait victorieusement lorsqu'il fut atteint d'une balle et dut laisser le commandement au lieutenant-colonel Herbinger. Celui-ci, effrayé d'une telle responsabilité,

M. JULES FERRY.

perdit la tête : il ordonna une retraite précipitée sur Langson ; puis, ne s'y croyant pas en sûreté, évacua la ville et se retira sur la route de Bac-Lé.

En même temps, il envoyait au général Brière de Lisle les dépêches les plus alarmantes, et le général en télégraphia le contenu au gouvernement.

Ces nouvelles furent connues le 29 mars à Paris. Elles y causèrent une émotion profonde. Ce fut bien pis, le lendemain, à la Chambre des députés : les adversaires du gouvernement, monarchistes et radicaux du parti Clémenceau, manifestèrent les colères, les craintes les plus vives. Ils n'eussent pas semblé plus effrayés si cinq cent mille Allemands s'étaient montrés aux portes de Paris. Au fond, dans ces colères et ces frayeurs affectées, la joie perçait : la joie d'avoir trouvé une occasion, en terrifiant la Chambre et le pays, de renverser le ministère. — Ce sont des spectacles que l'on n'a pas en Angleterre, où l'opposition sait subordonner à l'intérêt patriotique les haines de parti.

Dès que la séance fut ouverte à la Chambre, le 30 mars 1885, on laissa à peine le temps au président du conseil de formuler une nouvelle demande de crédit. Immédiatement, M. Clémenceau monta à la tribune et déclara qu'il n'avait plus devant lui des ministres, mais « des accusés ». Le cabinet fut renversé par un vote de coalition. Devant la Chambre des députés et devant le palais des Affaires étrangères, des bandes de mauvais sujets poussaient des cris de mort.

Dans cette triste séance du 30 mars 1885, M. Jules Ferry aurait pu tenir tête avec succès à ses adversaires, car lui seul savait combien la paix était près d'être faite ; mais il avait promis le secret à M. Robert Hart, et il garda son secret, sous l'orage de violences et d'injures qui éclatait sur sa tête.

Le lendemain, un télégramme de Pékin annonçait que les Chinois avaient accepté toutes les propositions françaises. Ils connaissaient pourtant l'incident de Langson ; mais, mieux informés que la Chambre française, ils l'avaient jugé sans importance et persistaient dans leurs intentions pacifiques (1).

Cependant, dans son empressement à renverser le

(1) On apprit bientôt que, tandis que le lieutenant-colonel Herbinger opérait cette retraite précipitée, l'armée chinoise, bien loin de songer à le poursuivre, se retirait elle-même en sens opposé, à plus de trente kilomètres.

cabinet, l'opposition avait risqué de faire manquer cette paix si précieuse : la Chine aurait pu refuser de la signer en voyant que l'homme qui la lui avait imposée n'était plus au pouvoir.

Il n'y avait même plus un ministre pour signer le traité qu'offrait la Chine. Il fallut que le directeur de la politique au ministère des Affaires étrangères, M. Billot, se fît autoriser par le Président de la République à donner la signature indispensable. Le traité *préliminaire* fut signé à Paris, le 4 avril ; à Pékin (par télégraphe), le 6 avril. Le traité *définitif* fut signé, entre les plénipotentiaires des deux pays, à TIEN-TSIN, le 9 juin 1885.

Mais déjà avait commencé cette période d'anarchie gouvernementale, de calomnies éhontées dans la presse antirépublicaine, d'affolements et de divisions dans le parti républicain qui nous a conduits aux funestes élections de 1885 : ces élections se firent principalement sous l'impression de l'affaire de Langson ; elles nous donnèrent une Chambre divisée et impuissante, des gouvernants sans autorité et sans force, qui ont laissé grandir la réputation d'un aventurier ; elles ont mis la République à deux doigts de sa perte.

Une balle blessant par hasard le général de Négrier a failli tuer la fortune de la France !

Tant de campagnes brillantes, tant de victoires en rase campagne, de forteresses enlevées d'assaut, l'héroïque défense de Tuyen-Quan, l'immense empire chinois capitulant devant les cuirassés de Courbet, toute cette gloire a paru se ternir ; parce qu'il a plu à quelques députés de transformer un médiocre incident de guerre en un immense désastre, qu'ils appelaient le *désastre de Langson !* Les fureurs des partis ont presque réussi à flétrir les lauriers de nos soldats et de nos marins. On dirait vraiment qu'ils n'ont pas conquis à la pointe de l'épée l'Annam et le Tonkin, qu'ils n'ont pas fait trembler l'empire du Milieu, et que c'est nous qui avons été vaincus par les Pavillons-Noirs, les Annamites et les Chinois.

Voyons cependant les résultats acquis *en moins de quatre ans.*

TIRAILLEURS ANNAMITES, CHINOIS, OFFICIER DE TIRAILLEURS.

L'Annam et le Tonkin ont été soumis à un protectorat si solidement établi qu'il équivaut presque à la souveraineté. La tentative faite, dans la nuit du 5 juillet 1885, par la cour de Hué pour chasser la garnison française, n'a abouti qu'au détrônement de l'empereur Ung-Lich, qui est actuellement prisonnier de guerre à Alger. On lui a donné pour successeur un de ses frères, puis un autre, et ils se sont montrés aussi dociles à notre autorité que le roi de Cambodge. L'empereur d'Annam est aujourd'hui le plus soumis des *protégés* de la France.

Or, l'Annam et le Tonkin présentent une superficie presque égale à celle de la France : 500 000 kilomètres carrés, avec une population de 15 millions d'habitants. Le Tonkin surtout est un pays riche, fertile en toutes sortes de produits, avec des mines nombreuses qui commencent à être exploitées.

Le moment est proche où ce Tonkin, qui devait, dit-on, nous *ruiner*, paiera toutes ses dépenses et entrera pour un chiffre considérable dans le mouvement commercial de la France. De nombreuses maisons françaises s'y sont déjà établies.

On a pu y recruter jusqu'à 18 000 auxiliaires indigènes, *tirailleurs annamites* ou *tonkinois*.

Ce qui vaut presque autant pour nous que la conquête de l'Annam et du Tonkin, c'est cette paix avec la Chine, qui a été suivie d'un **traité de commerce** avec elle. La Chine, avec ses cinq cent millions d'habitants, est le plus vaste et le plus riche marché du monde entier. Tandis que les autres nations européennes ne sont en relations avec elle que par quelques ports, nous avoisinons la Chine sur une longueur de quatre cents kilomètres.

Le succès obtenu n'a cependant pas désarmé la haine des partis ; on a vu, pendant trois ans, mettre aux voix, dans la Chambre des députés, l'abandon du Tonkin ; en 1886, il s'en est fallu d'une seule voix que l'évacuation de notre conquête ne fût votée.

Les députés monarchistes ont voté constamment avec ceux de l'extrême gauche pour que le fruit des victoires et du sang de nos soldats fût ainsi perdu. Ils se croient bons catholiques, et ils ont voté pour que les indigènes chrétiens du Tonkin fussent de nouveau livrés aux bourreaux annamites, leurs églises incendiées et les missions catholiques détruites !

Il est cependant un député de droite qui a fait taire ses préventions de parti devant l'intérêt supérieur de la France, de l'honneur français, de la religion chrétienne: c'est Mgr Freppel, évêque d'Angers. Il n'a pas voulu que l'œuvre commencée sous

TYPES DE SOLDATS FRANÇAIS DES COLONIES.
Artill. de Marine.   Légion étrangère.   Marin.   Inf. de Marine.

Louis XIV par les marchands et les missionnaires de Colbert, sous Louis XVI par l'évêque Pigneau-de-Béhaine, continuée sous Napoléon III par la conquête de la Cochinchine et le protectorat du Cambodge, achevée sous la République par la conquête du Tonkin et de l'Annam, fût abandonnée.

Associons aussi à cette œuvre les noms de Paul Bert, Constans, Richaud, envoyés de la République en Indo-Chine, et du général Warnet.

Conclusion

Résumons-nous.

La République a donné à la France cinq grandes colonies : le haut Sénégal avec le Soudan, le Congo, la Tunisie, Madagascar avec les Comores, le Tonkin avec l'Annam.

Par elle, des territoires, dont l'ensemble égale quatre ou cinq fois la superficie de la France, sont devenus des possessions françaises.

Par elle, le drapeau national, dont les couleurs semblaient avoir pâli depuis les désastres de 1870, s'est déployé de nouveau triomphalement : des noms de victoires tunisiennes, sénégalaises, malgaches, indo-chinoises, sont venus s'ajouter sur les étendards de nos régiments aux noms de nos anciennes victoires d'Italie, d'Allemagne, de Belgique, d'Espagne, de Russie, d'Égypte.

Par elle, l'Algérie de Charles X et de Louis-Philippe a été agrandie de la Tunisie; le Sénégal de Faidherbe s'est prolongé jusqu'au Niger; à la petite colonie du Gabon s'est ajouté l'immense Congo ; Madagascar est redevenu, comme sous Louis XIV, la *France orientale;* la Cochinchine de Napoléon III s'est étendue jusqu'à la Porte de Chine. La République a donc achevé magnifiquement l'œuvre commencée par nos anciens rois et reprise par tous les gouvernements qui se sont succédé depuis Napoléon Ier.

Par elle, la France, qui ne venait qu'au troisième rang comme puissance coloniale, bien loin derrière la Hollande, est passée au deuxième rang. Son empire colonial compte aujourd'hui plus de trois millions de kilomètres carrés et environ **trente-trois millions** d'habitants.

Quand la République n'aurait pas fait autre chose

pour le pays, un tel résultat suffirait pour que cette période des dix dernières années comptât parmi les plus glorieuses de notre histoire.

Maintenant se pose cette question : à quoi servent les colonies ? est-il utile d'en avoir ? valent-elles ce qu'elles ont coûté ?

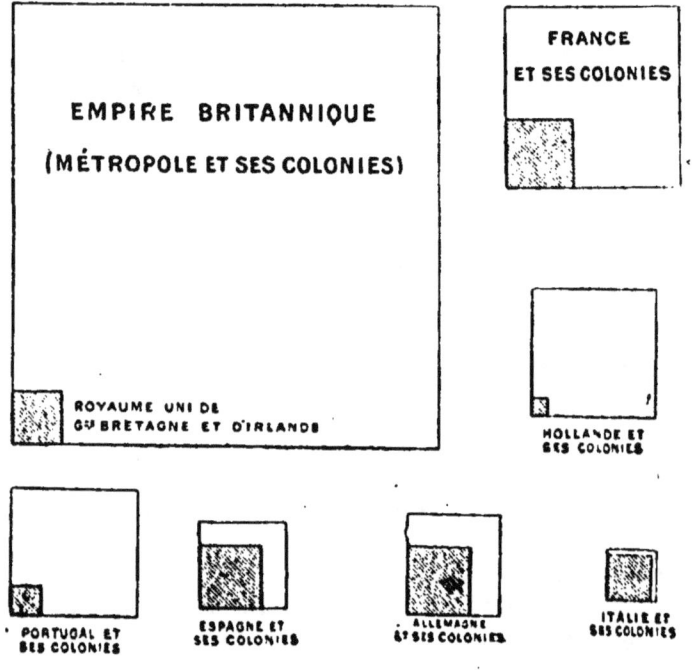

SURFACES COMPARÉES DE QUELQUES ÉTATS D'EUROPE
ET DE LEURS COLONIES.

A considérer l'exemple que nous donnent les autres peuples, il semble que cette question n'ait même pas besoin d'être posée.

Voyez la Russie ! son territoire en Europe et en Asie était déjà le plus étendu du globe ; cependant, chaque année, elle l'agrandit encore : tantôt subjuguant le Caucase et le Turkestan, tantôt conquérant sur la

Chine le bassin du fleuve Amour, tantôt poussant ses avant-postes jusqu'aux frontières mêmes de l'empire anglais dans les Indes.

Voyez l'Angleterre, qui a la réputation d'être une nation ayant le sens des affaires! Elle a des colonies dans toutes les parties du monde; elle possède presque la moitié de l'Amérique du Nord et l'immense empire des Indes. Cependant, en 1878, elle s'étend, en Afrique, aux dépens des Boers et des Zoulous, occupe l'Égypte, saisit l'île de Chypre; en 1886, elle répond à notre conquête du Tonkin par la conquête de la Birmanie; elle s'avance au-devant de nous sur le bas Niger et en Guinée; elle est en rivalité avec la Russie pour l'Afghanistan; elle entre en conflit avec l'Allemagne pour l'Afrique orientale.

Voyez l'Allemagne! Elle pourrait se contenter d'être la puissance la plus redoutée sur le continent européen; cependant la voilà qui acquiert des postes en Guinée, qui s'établit dans la baie d'Angra Pequena (Afrique méridionale), qui se partage avec l'Angleterre la côte orientale d'Afrique, qui convoite le protectorat sur Zanzibar, qui s'inquiète du Maroc, qui dispute aux Anglais et aux Américains les îles Samoa, qui a failli s'attirer une guerre avec l'Espagne pour avoir usurpé une des îles Carolines.

Voyez l'Italie! A peine constituée en royaume, elle fonde sur la mer Rouge la colonie de Massaouah, s'engage dans une guerre sanglante avec le négus d'Abyssinie, rêve d'enlever à la Turquie la province de Tripolitaine.

Voyez la Belgique! Neutre en Europe, elle devient conquérante en Afrique, et Léopold II, roi des Belges, est en même temps le souverain de l'État libre du Congo.

Voyez les États-Unis! Comme s'ils n'avaient pas chez eux d'immenses espaces de terres sans culture, ils fondent en Afrique l'État nègre de Libéria, se rencontrent avec les Anglais et les Allemands dans les parages océaniens.

Est-ce que tous ces gouvernements et tous ces peuples, quelques-uns réputés si sages, seraient tout d'un coup devenus fous? Ou bien n'y a-t-il point quelque raison sérieuse qui les pousse irrésistiblement à faire de la politique coloniale, à s'annexer des royaumes, des îles ou des îlots?

Nous assistons à un spectacle étrange et saisissant: ce n'est rien moins que le **partage du monde** entre les nations maritimes de l'Europe. Encore quelques années, et il ne restera pas un îlot, pas une embouchure de fleuve si marécageuse qu'elle soit, qui n'appartienne à quelque puissance européenne.

Il était temps que la France s'en mêlât si elle voulait avoir sa part! Pour peu que nous eussions attendu, la Tunisie serait peut-être aux Italiens, le Niger aux Anglais, le Congo aux Belges ou aux Anglais, Madagascar aux Anglais ou aux Allemands, le Tonkin aux Allemands ou aux Espagnols.

Il faut bien que les colonies servent à quelque chose, puisque tout le monde veut en avoir. Cherchons donc à quoi.

Remarquons d'abord qu'autrefois beaucoup de peuples, même civilisés, ceux des deux Amériques par exemple, n'avaient pas encore d'industrie; c'étaient les manufactures de France et d'Angleterre qui les fournissaient de tissus et de métaux travaillés. Aujourd'hui, tous les peuples fabriquent eux-mêmes; pour protéger leurs industries naissantes, ils s'entourent de douanes et frappent nos produits de droits exorbitants. Voilà donc des débouchés qui se ferment; il faut en ouvrir de nouveaux. C'est ce qui explique pourquoi la Belgique, l'Angleterre, l'Allemagne, s'efforcent de s'assurer les marchés de l'Afrique et de l'extrême Orient. De là la *politique coloniale* et même les *guerres coloniales*. On crée des colonies pour se réserver des clients.

Voyons ce qui se passe dans nos anciennes colonies : le chiffre de leur commerce s'accroît d'année en année, et près de la moitié de leur commerce se fait avec la France. Pourquoi cette préférence? D'abord, parce que les tarifs douaniers de nos colonies ne sont pas dirigés contre nous; ensuite, parce que les colons français ou les indigènes de nos colonies aiment naturellement les choses de France.

Eh bien! ce que font toutes les anciennes colonies de la France, qui sont en général de petits pays, les nouvelles colonies de la République, qui sont d'immenses pays, le feront un jour. Ce seront nos meilleurs clients.

En second lieu, quand les Français cherchent l'emploi de leur activité et de leurs capitaux, ce n'est guère dans les États étrangers qu'ils le trouveront; dans les possessions anglaises, par exemple, s'il y a de bonnes terres arables à distribuer, de bonnes mines à exploiter, des industries lucratives à faire protéger, ce ne seront pas les Français qui auront les faveurs du gouvernement; on leur préférera toujours les Anglais. De même pour les possessions allemandes ou italiennes.

Les Français ne sont réellement chez eux que dans les colonies françaises; car, là, les lois de douane, les lois sur les mines et l'industrie sont toutes en leur faveur. C'est pour les protéger que nous y avons des armées et des tribunaux. Un Français, parmi les peuples soumis à nos lois, apparaît comme un membre du peuple conquérant, de la race souveraine. Ses intérêts, sa sécurité, son amour-propre national y trouvent également satisfaction.

Quels progrès n'a pas accomplis l'Algérie, par exemple ! En 1836, on n'y comptait que 6 000 colons français; en 1886, il y en a 262 000 ; en y ajoutant 174 000 Espagnols, Italiens ou Maltais, cela fait un total de 436 000 colons européens. Il faut bien reconnaître que le développement a été rapide, continu, et que, sous ce rapport, notre colonie africaine n'a rien à envier à aucune des colonies anglaises.

L'Algérie qui, en 1831, n'importait que pour 6 millions et n'exportait que pour 1 400 000 francs, qui, en 1869, n'importait que pour 183 millions et n'exportait que pour 110, importe aujourd'hui pour 226 millions et exporte pour 197 : c'est un chiffre total d'affaires de 423 millions, et la presque totalité de ce commerce se fait avec la France. Nous faisons plus d'affaires avec notre colonie qu'avec n'importe quel autre pays du monde, à l'exception de l'Angleterre, de la Belgique, de l'Allemagne, de l'Italie, des États-Unis et de l'Espagne. On calcule que l'Algérie rapporte à la France, directement ou indirectement, 227 millions par an.

Or, sous Louis-Philippe, l'opposition disait de l'Algérie ce qu'elle dit aujourd'hui de Madagascar et du Tonkin : elle n'était bonne à rien, et il fallait se hâter de l'évacuer.— Eh bien! un jour, le Tonkin, l'Annam, Madagascar, le Congo, feront comme a fait l'Algérie et comme fait déjà la Tunisie. Mais l'Algérie est française depuis cinquante-neuf ans, et nous ne possédons le Tonkin que depuis quatre ans.

Marseille n'est devenue la seconde ou la troisième ville de France en richesse et en population que parce que nous avons toujours conservé des colonies; elle s'est agrandie et enrichie encore par la conquête de l'Algérie; elle s'agrandira et s'enrichira encore par les acquisitions récentes.

La prospérité, non seulement de Marseille, mais de Bordeaux, de Nantes, du Havre, de toutes nos villes maritimes, de toutes nos villes industrielles et commercantes, est donc liée à l'existence des colonies. L'agriculture même y est intéressée ; car les produits agricoles se vendent d'autant mieux que l'industrie et le commerce sont plus actifs. Toutes les branches du travail national sont solidaires l'une de l'autre.

C'est pourquoi M. Jules Ferry a pu dire que l'acquisition de bonnes colonies est un placement de père de famille.

Enfin, la grandeur et la gloire du pays peuvent-elles être indifférentes à une nation comme la France? Pouvions-nous assister, les bras croisés, au partage de l'univers entre nos rivaux et nos ennemis? N'est-ce rien que d'avoir établi le prestige du nom français sur trois millions de kilomètres carrés? N'est-ce rien que d'avoir amené à vivre sous nos lois trente-trois millions d'hommes? Peu à peu, ils s'assimileront nos idées, nos mœurs, notre civilisation, dont ils semblent aujourd'hui si loin. Dans nos anciennes colonies, ne voyons-nous pas les nègres des Antilles, les Indous à peau brune de Chandernagor et de Pondichéry, devenus des citoyens français? Eh bien! par la suite des temps, les Arabes de Tunisie, les noirs du Soudan, du Congo, de Madagascar, les hommes jaunes de l'Indo-Chine, feront comme ceux-là. Tous ces pays deviendront de véritables Frances, où l'on parlera notre langue et où la mère-patrie sera aimée et glorifiée.

Et, dès maintenant, ils nous donnent volontiers la seule chose qu'ils puissent encore nous donner : leur service militaire. Ils sont déjà nos frères d'armes. Les spahis et les turcos de l'Algérie, les spahis et les tirailleurs sénégalais, les auxiliaires sakalaves de Madagascar, les tirailleurs annamites et tonkinois dans l'Indo-Chine se sont admirablement conduits dans toutes nos campagnes : ils se sont montrés braves, obéissants, fidèles ; ils ont nos décorations militaires sur leur poitrine et leur part dans nos victoires.

Les colonies ajoutent donc à la puissance militaire de la France ; elles sont des pépinières de soldats ; elles sont des postes militaires par lesquels notre drapeau est connu et redouté au loin. Nous serions moins respectés en Amérique, si nous n'y avions pas nos Antilles ; moins respectés dans l'Océan indien, si nous n'y avions pas l'île de la Réunion et Madagascar ; les Chinois n'appelleraient pas des ingénieurs français pour construire leurs arsenaux et leurs chemins de fer, si nous n'étions pas devenus leurs voisins en Indo-Chine.

Ajoutons qu'aucune des colonies récemment acquises par la République n'a coûté aussi cher que l'Algérie, par exemple, pour laquelle nous avons eu cinquante ans de combats à livrer. La Tunisie a été conquise en six mois, Madagascar en trois ans, l'Indo-Chine en quatre ans. L'acquisition du Congo s'est faite presque sans tirer un coup de fusil.

Que de fables n'a-t-on pas débitées sur le Tonkin ! Il aurait coûté un milliard ! Le compte est pourtant bien facile à établir : à l'heure présente, on y a dépensé trois cent dix millions. Les pertes en hommes ont été exagérées dans des proportions encore plus folles. La vérité est que les campagnes contre Abd-el-Kader, sous Louis-Philippe, ont été, à elles seules, plus coûteuses que toutes les guerres coloniales de la République.

Peut-être que ces hommes d'État, les Jules Ferry, les Barthélemy Saint-Hilaire, les Challemel-Lacour, les Roustan, les Paul Cambon, les Le Myre de Vilers, de même que nos généraux et nos amiraux victorieux, pourraient accepter comme des titres de gloire ces surnoms de *Tunisiens* et de *Tonkinois* que certains leur ont jetés comme des injures. Chez les Romains, le grand Scipion, qui avait conquis le pays de Tunis, n'a-t-il pas reçu de la reconnaissance du peuple le surnom d'*Africain* ?

TABLE DES MATIÈRES

	Pages.
I. — *Les anciennes colonies de la France*.	4
1. — En Amérique.	5
2. — En Asie.	6
3. — En Océanie	7
4. — En Afrique.	8
II. — *Les acquisitions de la République*.	11
1. — Sénégal et Soudan.	13
2. — Le Congo.	18
3. — La Tunisie.	24
4. — Madagascar.	34
5. — L'Indo-Chine.	42
Conclusion.	61

CARTES

Sénégal et Soudan.	14
Congo.	19
Tunisie.	25
Madagascar.	35
Indo-Chine française.	43

TYPES

Indous (Indo française)	7
Indigènes de l'Algérie.	8
Tahitiens.	12
Tirailleur et spahis sénégalais.	13
Indigènes du Congo.	22

TABLE DES MATIÈRES

	Pages.
Officier et soldats tunisiens	31
Fonctionnaire hova et auxiliaires sakalaves.	39
Tirailleurs annamites, Chinois, etc.	58
Soldats français des colonies.	60

PORTRAITS

M. le général Faidherbe.	9
M. le général Borgnis-Desbordes.	15
M. Savorgnan de Brazza.	20
M. Roûstan.	27
M. Barthélemy Saint-Hilaire.	29
Monseigneur Lavigerie.	32
M. Paul Cambon.	33
L'amiral Pierre.	38
M. Le Myre de Vilers.	41
M. Dupuis.	46
Francis Garnier.	47
Rivière.	50
L'amiral Courbet.	52
Le sergent Bobillot.	53
M. le général de Négrier.	54
M. Jules Ferry.	55

GRAPHIQUES

Surfaces comparées :

De la France et du Sénégal.	17
De la France et du Congo.	23
De la France et de la Tunisie.	26
De la France et de Madagascar.	34
De la France et de l'Indo-Chine française.	45
De quelques États d'Europe et de leurs colonies.	62

---

733. — Paris. Typographie Gaston Née, 1, rue Cassette.

ARMAND COLIN & CIE, ÉDITEURS
1, 3, 5, rue de Mézières, à Paris.

LA
FRANCE COLONIALE
HISTOIRE — GÉOGRAPHIE — COMMERCE

PAR

M. ALFRED RAMBAUD
Professeur à la Faculté des lettres de Paris.

AVEC LA

COLLABORATION D'UNE SOCIÉTÉ DE GÉOGRAPHES ET DE VOYAGEURS

1 beau volume in-8° de 750 pages avec 12 cartes en couleur. Broché, 8 fr.; relié toile, tr. dorées, 10 fr.; demi-chagrin, amateur............ 12 fr.

Introduction historique, par ALFRED RAMBAUD.
L'Algérie, par M. P. FONCIN, inspecteur de l'Université, secrétaire général de l'*Alliance française*.
La Tunisie, par M. J. TISSOT.
Le Sénégal et ses dépendances, par M. le Commandant ARCHINARD.
La Guinée du Nord : Établissements de la Côte d'Or, Grand Bassam et Assinie, par M. A. BRÉTIGNÈRE. — Établissements de la Côte des Esclaves, Porto Novo, Kotonou, Grand Popo, par M. MÉDARD-BÉRAUD.
L'Ouest africain, par M. J.-L. DUTREUIL DE RHINS.
L'île de la Réunion, par M. C. JACOB DE CORDEMOY, membre du Conseil général de la Réunion.
Madagascar et les îles voisines, par M. GABRIEL MARCEL, revu par M. ALFRED GRANDIDIER.
La Mer Rouge (Obock, Cheik-Saïd), par M. PAUL SOLEILLET.
L'Inde française, par M. HENRI DELONCLE.
L'Indo-Chine française, par M. le capitaine BOUINAIS et M. PAULUS.
L'Océanie française : Tahiti, par M. A. GOUPIL.
La Nouvelle-Calédonie, par M. CHARLES LEMIRE.
Terre-Neuve, Saint-Pierre et Miquelon, par M. le lieutenant J. NICOLAS.
La Guadeloupe, par M. ISAAC, sénateur de la Guadeloupe.
La Martinique, par M. HURARD, député de la Martinique.
La Guyane, par M. JULES LEVEILLÉ, professeur à la Faculté de droit de Paris.
Conclusion, par M. A. RAMBAUD.

Ayant fait une étude spéciale de la matière, M. ALFRED RAMBAUD, comme tant d'autres, aurait pu écrire *ex professo* un livre sur ce sujet, mais il a cru mieux faire en confiant l'étude de chaque pays à un collaborateur, ayant non seulement vu ce pays, mais ayant habité, l'ayant exploré dans tous les sens et à tous les points de vue.

Librairie classique **ARMAND COLIN et Cie**

HISTOIRE
DE LA
CIVILISATION FRANÇAISE
DEPUIS LES ORIGINES JUSQU'A NOS JOURS

PAR

M. ALFRED RAMBAUD
Professeur à la Faculté des lettres de Paris.

2 vol. in-18 jésus, brochés........................ **8 fr.**

L'auteur a voulu, à la chronologie des rois, des guerres de succession et de conquête, substituer l'étude des institutions et des mœurs. Dans le tome Ier (*Des Origines à la Fronde*) on voit se dérouler les destinées de l'aristocratie, de l'Église, de la bourgeoisie, du peuple des villes et des campagnes. L'auteur montre comment la nation française s'est formée de ces différents éléments, comment un État s'est constitué avec ses organes essentiels: administration, justice, armée, diplomatie, finances. Le tome II (*De la Fronde à la Révolution française*) nous montre la monarchie absolue s'organisant et progressant du xviie au xviiie siècle, débutant par le culte de Louis XIV pour arriver à l'échafaud de Louis XVI. L'auteur a décrit avec précision toutes les institutions sociales et administratives. A toutes les époques il suit l'histoire de notre agriculture, de notre industrie, de notre commerce. Il n'a garde de négliger le mouvement intellectuel et, indiquant les grands courants littéraires et philosophiques, il signale les progrès accomplis dans les lettres, dans les sciences et dans les arts. En un mot, l'ouvrage de M. Rambaud peut servir de complément à tous les cours d'histoire ; il présente, à toutes les époques, un tableau complet et saisissant de notre vie nationale depuis nos origines jusqu'à l'époque contemporaine.

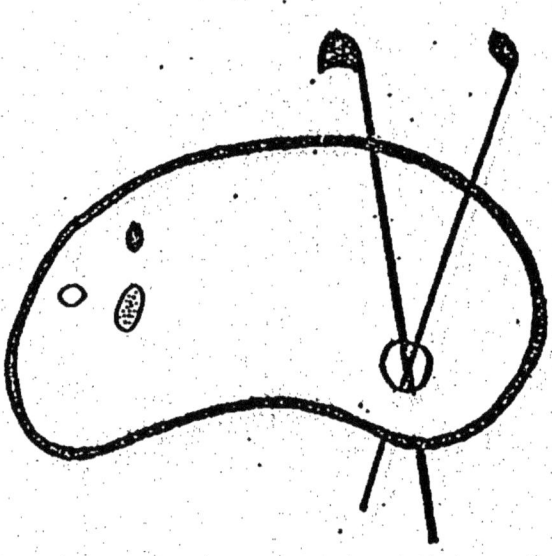

ORIGINAL EN COULEUR
NF Z 43-120-8

www.ingramcontent.com/pod-product-compliance
Lightning Source LLC
LaVergne TN
LVHW021000090426
835512LV00009B/1977